Schriftbilder und Bilderschriften

Januar 2004

Liebe Susanne,

mit viel Dank für alles! Helga

Helga Lutz

Schriftbilder und Bilderschriften

Zum Verhältnis von Text, Zeichnung und Schrift bei Unica Zürn

Verlag J.B. Metzler
Stuttgart · Weimar

Das Buch basiert auf der Dissertationsschrift »Schriftbilder und Bilderschriften. Zum Spiel mit den Grenzen von Text, Zeichnung und Schrift in den Arbeiten Unica Zürns«, eine Untersuchung die 1999 von der Humboldt Universität zu Berlin angenommen wurde.

Die Arbeit wurde durch ein Nafög Stipendium sowie durch ein Abschlußstipendium des Förderprogramms Frauenforschung des Senats Berlin unterstützt.

Bibliografische Information Der Deutschen Bibliothek
Die Deutsche Bibliothek verzeichnet diese Publikation in der Deutschen Nationalbibliografie; detaillierte bibliografische Daten sind im Internet über <http.//dnd.ddb.de> abrufbar

Gedruckt auf chlorfrei gebleichtem, säurefreiem und alterungsbeständigem Papier

ISBN 3-476-45322-7

M&P Schriftenreihe für Wissenschaft und Forschung

www.metzlerverlag.de
info@metzlerverlag.de
Einbandgestaltung: Willy Löffelhardt unter Verwendung einer einer Zeichnung aus dem »Haus der Krankheiten«, einem handgeschriebenen Text mit Zeichnungen, 1958, Nachlaß Zürn.
Druck und Bindung: Kösel GmbH & Co. KG, Kempten
Printed in Germany
September/2003

Verlag J.B. Metzler Stuttgart · Weimar

Inhalt

1. Einleitung

Seit Beginn der achtziger Jahre werden die Texte Unica Zürns publiziert, gelesen, besprochen, ja sogar verfilmt. Sie ist keine Unbekannte und schon lange kein Geheimtip mehr. Mit der inzwischen auf sechs Bände angewachsenen Gesamtausgabe des Verlags Brinkmann und Bose (Berlin) ist umfangreiches Material gesichtet und zugängig gemacht worden.[1]

Diesem stetig wachsenden Interesse an den Texten Zürns steht nach wie vor eine nahezu vollständige Vernachlässigung ihres vielgestaltigen bildnerischen Œuvres gegenüber. Daß Zürn gezeichnet hat, ist bekannt, denn wohl kaum eine Publikation hat es versäumt, einige ihrer Zeichnungen als Zierde der Texte abzubilden. Aber sie waren nie Gegenstand einer genaueren Betrachtung, geschweige denn, daß sie im Rahmen einer wissenschaftlichen Untersuchung erörtert worden wären. Es blieb bei einem vagen und unbestimmten Eindruck, der den Bildern nach wie vor einen deutlich untergeordneten Status zuweist.

Die Tatsache, daß Unica Zürn sich über lange Phasen fast ausschließlich dem Malen und Zeichnen zugewandt hat, daß dabei neben Tuschfederzeichnungen auch Collagen auf Notenpapier (Abb. 1)[2], zahlreiche Anagramm-Zeichnungen und verschiedene Skizzenhefte entstanden sind, ist bis heute unbeachtet geblieben.

Meine Arbeit hatte es sich anfänglich zum Ziel gesetzt, diese Lücke zu schließen und das Bild der Schriftstellerin Unica Zürn um das der »bildenden Künstlerin« zu ergänzen. Bei dem Versuch, die bislang ausschließlich literaturwissenschaftliche Perspektive um einen kunstwissenschaftlichen Zugang zu erweitern, stieß ich jedoch auf unvorhergesehene und gravierende Schwierigkeiten. Die Zeichnungen Unica Zürns ver-

1 Gesamtausgabe in sechs Bänden. Hrsg. von Günther Bose und Erich Brinkmann, Berlin 1988–1991. Im folgenden zitiere ich mit dem Kürzel GA, danach folgt die Angabe des jeweiligen Bandes und die entsprechende Seitenzahl.
2 Partitur von Schumanns Klavierstücken mit Zeichnungen, Nachlaß Zürn

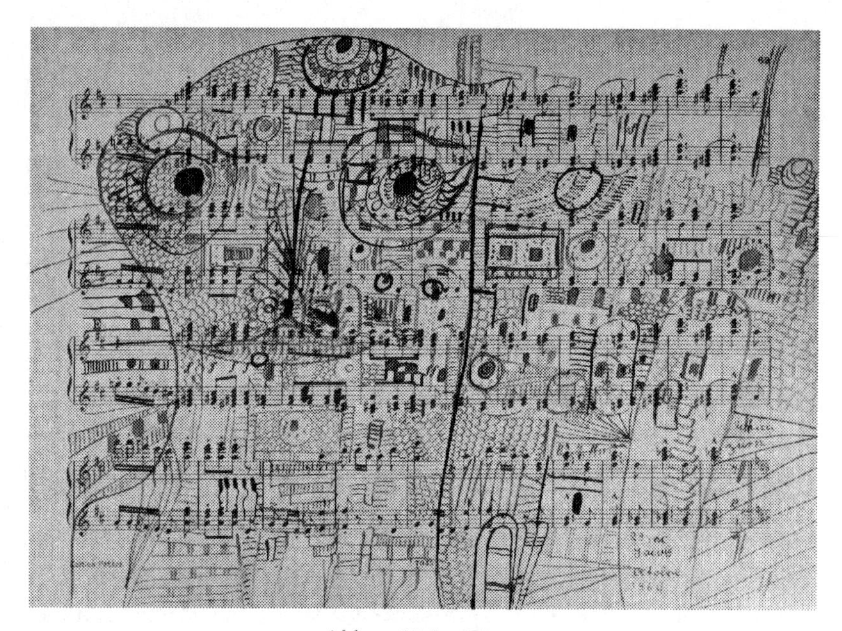

Abb. 1: Unica Zürn,
Federzeichnung auf Partitur von Schumanns Klavierstücken,
Tusche, Mischtechnik, 32,5 x 25,0 cm,
Nachlaß Zürn

weigern sich geradezu beharrlich kunsthistorischen Herangehensweisen und Begrifflichkeiten. Keine Spur von »Virtuosität« oder »meisterhaftem« Duktus. Nicht einmal Spontanität. Zaghaft setzt die Linie an, um ein langsames und selbstvergessenes Spiel zu eröffnen; Felder von oft gleichförmigen kleinen Bögen und Schwüngen entstehen, fügen sich aneinander und wachsen an einigen Stellen zu einer dichten, engmaschigen Textur zusammen. Aber weder feiert die Linie in diesen Arbeiten ihr gestisches Potential und ihre Expressivität, noch werden im herkömmlichen Sinne bedeutungsvolle Formen produziert.

Die *Anagramm-Zeichnungen*, diese geheimnisvoll hybriden Mischformen aus Schrift und Zeichnung, ließen mich die Paradoxie meines Unterfangens erkennen (vgl. Abb. 22–24). War es nicht widersinnig, daß ich genau *die* Trennlinien, die Unica Zürn im spielerischen Umgang mit der Sprache und dem Zeichnen, im Jonglieren mit unterschiedlichen Medien und im Zirkulieren zwischen Gattungen und Disziplinen zu verwischen und unterminieren suchte, mittels meiner Rezeption fein säuberlich wieder nachzog? Leugnete ich auf diese Weise nicht den Umstand, daß die unterschiedlichen Arbeiten sich nicht voneinander lösen lassen, daß sie ineinander verschachtelt sind und sich gegenseitig bespiegeln, verknüpft in einem scheinbar unendlichen filigranen Gespinst, einer Galaxie aus Bezügen und Verweisen?

Die erste umfassende Retrospektive des zeichnerischen Œuvres, die 1998 in der Neuen Gesellschaft für Bildende Kunst in Berlin stattfand, wußte um diese Schwierigkeit und fand doch keine Möglichkeit, ihr zu begegnen. Zwar heißt es im Vorwort: »Sie [Unica Zürn, Anm. H. L.] hatte 1949 zu schreiben begonnen und 1953 zu zeichnen, und beide Praktiken sind eng verwoben, zwei Medien einer Niederschrift«[3], aber weder die Katalogtexte noch die Konzeption der Ausstellung tragen dieser Besonderheit Rechnung.

Im Gegenteil. Der Heterogenität der Arbeiten, ihrem Spiel mit Gattungs- und Disziplingrenzen, dem Experimentieren mit unterschiedlichen Medien wird ein – in Anbetracht der *Art* der Arbeiten – fragwürdig und hilflos erscheinender Anspruch auf vollständige Katalogisierung und Dokumentation entgegengesetzt. Ganz unverhohlen zeigt sich schließlich die erwähnte Inkommensurabilität kunsthistorischer und literaturwissenschaftlicher Parameter mit den Arbeiten Zürns an dem Umstand, daß keiner der Katalogtexte auf die in der Ausstellung versammelten Exponate genauer eingeht. Statt dessen werden im Rahmen bestimmter, immer wiederkehrender *Topoi der Rezeptionsgeschichte* die Arbeiten Zürns einer biographischen Lesart unterzogen. Der Rückbezug zu Person und Leben Unica Zürns wird kontinuierlich hergestellt, mal offenkundig, mal etwas verdeckter, aber er bildet letztlich immer den Leitfaden. Die Texte, Zeichnungen und Anagramme werden mit Blick auf die bei Unica Zürn diagnostizierte Schizophrenie gesehen, man sucht nach Spuren ihres Wahnsinns oder nach Vorboten ihres 1970 in Paris vollzogenen Freitods. Und nicht zuletzt werden sie auch daraufhin befragt, was sie über die komplizierte Beziehung zu Hans Bellmer aussagen, den Unica Zürn 1953 in Berlin kennenlernte und mit dem sie

3 Unica Zürn. Bilder 1953–70, Berlin 1998. Der Einfachheit halber zitiere ich im folgenden mit GA Z, dann der Abbildungsnummer und Seitenangabe.

(von einigen krisenhaften Unterbrechungen abgesehen) den Rest ihres Lebens verbrachte.

Wenn es auch den Anschein hat, daß man der ausschließlich biographischen Deutung ihrer Arbeiten zunehmend überdrüssig wird, wenn sich im Anschluß an die soeben erwähnte Ausstellung die Stimmen derer mehren, die diese Vorgehensweise als kurzsichtig und allzu einseitig kritisieren, so gibt es doch bislang keine ernsthaften Versuche, zu einer alternativen Sichtweise zu gelangen. In einer potentiell unendlichen »Pendelbewegung« wird von den AutorInnen ein aus bestimmten, autobiographisch gelesenen Sätzen zusammengesetztes Bild ihres Lebens und ihrer Person auf die Arbeiten projiziert, die ihrerseits wiederum dieses Bild zu bestätigen scheinen. Und so fort. Das magische Leitbild »Unica«[4] erscheint als ein aus sich selbst heraus begründetes und in sich geschlossenes Konstrukt.

Die bestehenden Interpretationsmuster dekonstruierend, gelangte ich zu der Einsicht, daß die übermächtige Bedeutung, die dem Biographischen beigemessen wird, den Blick dafür verstellen sollte, daß die Texte und Zeichnungen genau mit dem, was im Rahmen der Forschungsliteratur unablässig heraufbeschworen wird – die Vorstellung eines identischen, den Texten und Zeichnungen vorgängigen Subjekts –, auf radikale Weise brechen.

Zweifelsohne stößt man beim Lesen und Betrachten immer wieder auf die gleichen autobiographisch anmutenden Denkbilder. Aber bei genauem Hinschauen muß man feststellen: Sie sind wandelbar, nicht fixierbar, formieren sich immer wieder anders und neu, treten hier in dem einen, dort in einem anderen *Stil* zutage. Im Rahmen unterschiedlicher *Schreibweisen* entsteht eine potentiell unendliche Vielfalt manchmal nur leicht voneinander abweichender Entwürfe von Subjektivität. Es ist ihre Inszeniertheit, ihr ›Patchwork-Charakter‹, der bestimmend wirkt. »Ich hatte nur eine Lösung« heißt es bei Roland Barthes, »mich neu-schreiben [...]«[5]. Es ist ein Diktum, dem sich Unica Zürn auf gleiche Weise verschrieben hat.

4 Vgl. Ruth Henry: »Unica Zürn«, in: Emma Nr. 8, August 1984, S. 38.
5 Roland Barthes: Über mich selbst, München 1978, S. 155.
6 GA 4.1, S. 242.

In Sätzen wie: »So zeichnet sie die ›Familie‹, die sie nie gehabt hat, und läßt sich von ihr adoptieren«[6] scheint diese immer schon sprachliche und bild-sprachliche Verfaßtheit des »Ichs« auf, wird das »Ich« als ein unsicherer und wandelbarer Effekt der Zeichensysteme sichtbar.

Indem die Arbeiten Zürns die denotative Funktion der Linie und die sinn- und bedeutungsproduzierende Funktion der Sprache gleichermaßen aufs Spiel setzen, ver-spielen sie das Subjekt. Es wird zum Echoraum der Sprache, zu einem Kreuzungspunkt aus unterschiedlichen Diskursen, zum Produkt der sinnverschiebenden und sinnauflösenden Verfahren der Sprache.

Das vierte und fünfte Kapitel der vorliegenden Arbeit markieren den Weg dorthin. Genaugenommen, sind es zwei Prozesse, die sich überlagern und gleichzeitig in diese Abschnitte eingeschrieben haben. Zum einen ist es der Versuch, den zunehmend experimentellen Umgang Unica Zürns mit Schrift, Text und Zeichnung in seiner Entwicklung und vor dem Hintergrund des Berliner Surrealismus, des französischen Nachkriegssurrealismus und den Anfängen des Informel nachzuzeichnen. Das Bild dieser Entwicklung wird jedoch spürbar überblendet und durchkreuzt von dem Prozeß meiner eigenen theoretischen Annäherung und Positionierung.

Im vierten Kapitel erfolgt eine Art Zwischenbilanz. Die Arbeiten Zürns weisen, aus ihrer biographischen Verankerung gelöst, mannigfaltige und überraschende Bezüge zum zeitgenössischen Kunstkontext auf, lassen aber zugleich die Grenzen und Leerstellen einer linearen, (kunst)historisch-rekonstruierenden Verfahrensweise offen zutage treten. Es erschien mir wichtig und sinnvoll, an diesem Punkt meine eigene Position zu konkretisieren und damit eine Perspektive für das weitere Vorgehen zu skizzieren.

Wenn meiner Arbeit kein fester, gänzlich geschlossener Theorierahmen zugrunde liegt, so ist unschwer zu erkennen, daß die Arbeiten Michel Foucaults, vor allem aber die späten Schriften von Roland Barthes die wichtigsten Bezugspunkte darstellen. Roland Barthes' weit gefaßtes Verständnis von »Literatur« als Aktivität, als Spiel mit Grenzen und Hierarchien von Sprache, seine Überlegungen zu einer Sprache der Bilder und seine Suche nach einer Sprache außerhalb *der* Sprachen kommen vor allem im letzten Teil, den ich »Text und Bildstrategien«

genannt habe und in dem ich die unterschiedlichen intertextuellen Verfahren Unica Zürns exemplarischen Analysen unterzogen habe, ausführlich zum Tragen.

Die in den Abschnitten vorgenommenen Untersuchungen der Mischformen aus Schrift, Zeichnung, Text und Anagramm bahnen Wege und Lektürelinien durch das verschlungene Eperimentierfeld der Arbeiten Zürns. Mit ihnen soll ein erster Zugang zu dem polygraphen, heterogenen Œuvre Unica Zürns eröffnet werden.

2. Das Weben der Erinnerung

»Wenn Sie wissen wollen, wer hier spricht,
welches Ich, so ist es das meine
und auch wieder nicht,
aus wem spräche immer nur das eigene Ich.«
Marie Luise Kaschnitz

Schenkte man der Kritikerin Ruth Henry Glauben, so hätte Unica Zürn »keine Zeile geschrieben, die sich nicht in Zeichen, Bild oder de facto mit ihrem Leben deckte«[1]. Aber: das Bild geht nicht auf. Wenn bestimmte Formen, Fragmente und Denkbilder auch wiederkehren, so gehen ihre Arbeiten diesen Spuren doch in unterschiedlichen Brechungen und Verfremdungen nach.

Einem Kaleidoskop gleich, in dem sich die Glassplitter bei der kleinsten Erschütterung zu einem neuen Bild fügen, erscheinen die »Erinnerungssplitter«[2] – wie Zürn sie nennt – mal im Licht eines glaubwürdigen Erlebnisberichtes, dann wieder durch den Schleier einer phantastischen Geschichte oder in einer Zeichnung angedeutet, aber ohne daß ihnen dabei ein dauerhaftes Gesicht verliehen würde oder die vielfältige, bunte Maskerade der Erscheinungsformen (seien sie nun trauriger, dramatischer, komischer, allegorischer, grotesker oder unheimlicher Art) sich zu einem schlüssigen Gesamtbild zusammenfügt.

Die Wiederholung gleicher Signifikanten dient nicht dazu, die Dinge zu fixieren und zu verfestigen oder, bildlich gesprochen, einen Kontur herauszubilden. Indem die Wiederholung immer auch Verwandlung und Verschiebung ist, werden die Grenzen unsicher und unscharf, rückt die Erinnerungs*tätigkeit* selbst, »das Weben der Erinnerung, jene

1 Ruth Henry (1984), S. 38.
2 In Unica Zürns Text »Das Weiße mit dem roten Punkt« heißt es: »Wie von einem vor langer Zeit gründlich zerschlagenen Mosaikbild schwemmen die Jahre seine Splitter an mein Ufer. Da hieß es also sammeln. Sorgfältig Splitter zu Splitter legen.« GA 4.1, S. 89.

Penelope-Arbeit des Eingedenkens«, von der Benjamin spricht, ins Zentrum.[3]

Wie mit einem imaginären Zoom erscheinen die Szenen und Ereignisse bisweilen so nah an das Auge herangeholt, daß die Formen übergroß, verzerrt und bedrohlich erscheinen, um dann, an anderer Stelle, in einer nüchternen und scheinbar dokumentarischen Form wiederzukehren. An dieser Stelle soll der Vergleich zweier Textpassagen und einer Zeichnung vorausgeschickt werden, um ein Beispiel zu geben für die *Verwandlungs- und Transformationsprozesse*, in denen allein die künstlerische Signatur der Arbeiten Zürns sichtbar werden kann.

Der Prosatext »Ferienzeit im Maison Blanche. Die Begegnung mit Hans Bellmer« enthält folgende Beschreibung einer Abtreibung[4]:

> »Sie beginnt bitterlich zu weinen. Sie hat die beängstigende Vorstellung, daß sie ein Monstrum zur Welt bringen wird, denn wie sie glaubt, ist der Organismus, der Geist, die normale Entwicklung des Körpers dieses Embryos [durch einen bereits in Frankreich vorausgegangenen, mißglückten Eingriff; Anmerkung H. L.] in ihrem Leib gestört. [...] Sie sieht ein Wesen ohne Schädeldecke, mit *Froschhäuten* zwischen den mangelnden Händen und gewölbten *Fischaugen*. [...] Der Berliner Arzt [...] schickt sie in eine nahe Apotheke und telephoniert die Ordonanz dem Apotheker: eine Schachtel *Chinin*. Sie fährt zurück zu den Freunden und nimmt den ganzen Tag pünktlich alle zwei Stunden 2 bis 3 Tabletten. Sie bekommt Wehen, die bis zum Abend heftiger

3 Walter Benjamin schreibt über Marcel Proust: »Man weiß, daß Proust nicht ein Leben, wie es gewesen ist, in seinem Werk beschrieben hat, sondern ein Leben, so wie der, der's erlebt hat, dieses Leben erinnert. Und doch ist auch das noch unscharf und bei weitem zu grob gesagt. Denn hier spielt für den erinnernden Autor die Hauptrolle gar nicht, was er erlebt hat, sondern das Weben seiner Erinnerung, die Penelope-Arbeit des Eingedenkens. Oder sollte man nicht besser von einer Penelope-Arbeit des Vergessens reden?« Walter Benjamin: »Zum Bilde Prousts«, in: Walter Benjamin, Illuminationen, Ausgew. Schriften, Frankfurt/M. 1955, S. 335.

4 Ausführlicher dazu vgl. Franziska Schneider: »Unica Zürn – Zu ihrem Leben und Werk«, Unveröffentlichte Lizensiatsarbeit, Zürich 1979, S. 15.

> werden, wie bei der bevorstehenden Geburt eines Kindes. Beim Höhepunkt des Schmerzes geht sie hinaus in die Toilette und bringt auf diesem traurigen Ort einen großen Embryo zur Welt. Dabei fließt kein Blut. Sie hält entsetzt und zugleich bewundernd dieses unvollendete Wesen in der Hand, das einem alten, fast aztekischen Objekt gleicht. Nichts Erschütternderes für eine Frau, die Kinder liebt, als ihr viel zu früh geborenes Baby in den Händen zu halten, das nicht lebensfähig ist, aber wer weiß – dessen Herz vielleicht klopft, als sie die dicke Nabelschnur zerreißt und sich für immer von ihm trennt, indem sie es in die Toilette wirft und die Wasserspülung in Bewegung setzt. Grausiges Bild, wie dieses feierlich streng und fremd aussehende Wesen in die Abwässer, in die Finsternis stinkender, unterirdischer Kanäle *versinkt.*«[5]

Die gleichen Spuren, die durch Chinin eingeleitete Geburt, die Vorstellung von der froschartigen Mißgeburt (die im ersten Text als real stattfindendes Ereignis, im zweiten wiederum als Möglichkeit formuliert wird) und nicht zuletzt auch der Tod durch Ertränken finden sich auch in der 1968 entstandenen Erzählung »Die Trompeten von Jericho«[6], jedoch sind sie dort zu einem märchenhaft-surrealen Szenario von schauerlicher Eindrücklichkeit verwoben.

Auch bei diesem Text handelt es sich um die Schilderung einer Geburt, aber die Schmerzhaftigkeit der ersten Beschreibung hat sich in skurril anmutende Tötungsphantasien einer mit hexenhaften Zügen versehenen Ich-Erzählerin verwandelt.[7]

> »Sie [die Trompeten, Anm. H. L.] haben schon neun mal geblasen und doch kann er sich nicht entschliessen, an das Licht dieser Welt zu kommen. Stolz, jung und unabhängig und Mitglied des Exzentrik-Klubs verbringe ich meine Tage, wie es mir gefällt, das

5 GA 5, S. 87–89; Hervorhebungen H. L.

6 GA 4.2, S. 331–383.

7 Während das »lange, feuchte Haar«, das Alleinleben im Turm und die Raben ungebrochen der Hexenikonographie entnommen sind, handelt es sich bei dem verwirrenden Bild der *jungen* Hexe um eine für Zürn charakteristische Überformung bekannter Motive.

heißt mit Nichtstun. [...] Eine glorreiche Idee berührt die harmonischen Windungen meines duftenden Gehirns: *CHININ*! Ich besitze eine Schachtel voll Chininpastillen. [...] Das ist es, was ich brauche, nicht die Hilfe eines neugierigen Arztes, denn diese väterreiche Abscheulichkeit muß geheimgehalten werden. Eine scharfe und blanke Schere, die sehr glücklich darüber sein wird, wenn sie die zarten Knöchelchen der winzigen Finger durchschneiden wird. Ich schlucke 33 Tabletten, das würde einen ausgewachsenen Stier zum Gebären verführen. [...] Eine Fledermaus verfinstert den Mond vor meinem Fenster und kommt lautlos wie ein Schmetterling in mein Zimmer gesegelt. Sie verfängt sich mit ihren kleinen Krallen in meinem langen, feuchten Haar [...]. Ich lebe allein in einem runden Turmzimmer. Meine Freunde sind die schwarzen Raben – sonst habe ich keine Freunde. Der Wind hebt an zu heulen und die Fledermaus auf meinem Kopf stößt einen Klageschrei aus. [...] Mein Turmzimmer bebt von meinem Heulen. Ich habe das häßlichste Kind geboren, das ich jemals gesehen habe. Er trägt eine Buckel auf seiner linken Schulter und so jung er ist, wachsen ihm schon Barthaare. Er hat runde, hervorstehende Glotzaugen wie ein *Frosch*, er schreit, als wenn er ermordet werden sollte. [...] Erleichtert schneide ich die Nabelschnur durch und bin endlich von ihm befreit. Ich habe Lust, ihn auf der Stelle zu *ertränken* oder mich auf sein Gesicht zu setzen, aber ich bin plötzlich sehr müde geworden [...]. Ich krieche in mein Bett. Dieser häßliche Tag ist zuende. Ich werde mir nicht die Mühe machen, meinen Säugling in sieben Teile zu schneiden und in sieben Pakete zu verpacken. Ich werde ihn nicht einmal quälen, obwohl ich mich so darauf gefreut habe. Ich werde ihn morgen früh lebendig begraben. Das wird das einfachste sein.«[8]

Der Überraschungseffekt und das Neuartige des Textes, das darin besteht, daß die Erzählerfigur im Präsens und damit scheinbar *im Akt des Gebärens* ihre Gedanken und Gefühle schildert, werden dadurch gesteigert, daß sie, allen vermeintlichen »Mutterinstinkten« und Kon-

8 GA 4.2, S. 333–340; Hervorhebungen H. L.

Abb. 2: Unica Zürn,
Federzeichnung, Tusche, 48,0 x 32,5 cm,
signiert und datiert, *Unica Zürn 55*, Privatbesitz

ventionen zum Trotz, den Säugling mit einem Feuerwerk an Beschimpfungen und geplanten Greueltaten empfängt. Man ist wohl kaum versucht, den Anfang dieser Geschichte als grausam und sadistisch zu empfinden. Die zahlreichen Märchenmotive und der ironische Ton verleihen dem Ganzen eine komische Wendung, machen vielmehr zu einem Meisterstück schwarzen Humors.

Der Vergleich mit einer Zeichnung von 1955 (Abb. 2) liegt hier nahe.[9] Ein inhaltlicher Zusammenhang kann und soll nicht *bewiesen* werden, da sich weder ein Titel noch andere Hinweise finden lassen, durch die ein konkreter Bezug gegeben wäre. Meine Vorgehensweise rechtfertigt sich jedoch durch die programmatische Offenheit und Unabgeschlossenheit der Arbeiten, wie auch durch die von der Zeichnung evozierten Assoziationsfelder.

Dargestellt ist ein geheimnisvolles Wesen, das aus den tiefsten Tiefen der Phantasie hervorgekrochen ist. Ein viel zu großer, wie geschuppt erscheinender Kopf mit glupschig hervorstehenden Augen geht ohne Hals in einen merkwürdig verformten Körper über. Zwei Extremitätenpaare fuchteln wie bei einem umgefallenen Käfer hilflos in der Luft, während sich darunter Brüste, Bauch und Po zu einem in sich verwachsenen, unentwirrbaren Knäuel verdichtet haben. Die Beine ermöglichen ein wackeliges Stehen auf den breiten Froschfüßen. Im Hintergrund erscheint der Umriß einer leblosen Hülle, aus der das noch unfertige Wesen entschlüpft sein mag.

Die Vorstellung des zu früh Geborenen und Embryohaften wird aber noch auf andere Weise erzeugt. Ein nervöses Gewirr von Bahnen durchzieht den nackten, haarlosen Körper, der auf diese Weise dünnhäutig, ja fast durchsichtig erscheint. Weitere Assoziationsfelder drängen sich auf. Die Gleichförmigkeit und Engmaschigkeit der Linie, die die Fläche bis in den letzten Winkel durchwirkt und strukturiert, legt den Vergleich mit Zellstrukturen oder physiologischen Gewebeschnitten nahe. Und nicht zuletzt erinnern die Bahnen auch an Leitungsbahnen bzw. Kabel, die dem Dargestellten einen technizistischen Charakter verleihen, indem sie ihm den Anschein einer Schlaltfäche geben. Das rätselhafte Zwitterwesen erzeugt und wiederholt im Betrachter die irritierende Gefühlsmischung aus Mitleid und Fremdheit, die auch in den angeführten Textstellen evoziert wird.

Bestimmte Erinnerungen kehren immer wieder oder, um es mit Unica Zürns eigenen Worten zu sagen: »Das brennt, das regt sich und kommt von Zeit zu Zeit zurück – in einer Zeichnung oder in einem Anagramm – ausgegossen und umgeformt.«[10] Es ist der Prozeß der Umformung, der Transformation, der Übersetzung, der bislang immer unbeachtet blieb und den meine Arbeit ins Zentrum rückt. Die Erinne-

9 GA Z, Abb. 24.
10 GA 4.1, S. 29.

rungsbilder entstehen in einem aktiven, experimentellen und agressiven Spiel mit den Grenzen von Kategorien wie Gattung, Genre und Stil, in einer hemmungslosen Lust an paradoxalen Strukturen und im Unterlaufen und Auflösen von scheinbar feststehenden Bedeutungen und Wahrheiten.

Immer wieder meint man, gleiches wiederzuerkennen, und doch sind die Dinge und Formen nie mit sich identisch, bleiben nie dieselben, verändern sich unablässig, gefangen in einem unendlichen Prozeß. Vergeblich, wollte man nach einem »Original« suchen.

In diesem Sinne operieren die Arbeiten Zürns zwar einerseits mit Darstellungskategorien der Autobiographie[11], aber sie verwenden diese in einer Weise, die vor allem verdeutlicht, daß sich weder Stil noch Form der Autobiographie wirklich festlegen lassen und die Grenzen zur Fiktion unweigerlich immer fließend sind.

Zürn spielt mit dem Anspruch der Autobiographie an Objektivität. Erscheint die Identität von Autor und Erzählerfigur, dieser kleinstmögliche Nenner autobiographischen Schreibens, bisweilen glaubwürdig vermittelt, so kann der Eindruck wenig später, vielleicht noch im gleichen Text, schon wieder ins Gegenteil gewendet, ironisiert oder aufgelöst werden. Man fühlt sich an den Ausspruch Montaignes erinnert, der feststellte, daß »ich mein Buch nicht mehr gemacht habe als es mich«[12].

Die Illusion von Identität wird immer wieder gebrochen und auf das Ganze gesehen konsequent verweigert. So wie in den Zeichnungen Unica Zürns der Umriß eines Gesichts (Abb. 3) niemals als gegeben stehenbleibt, sondern die Linie ihn »denkend« wieder und wieder umkreist, rastlos und zweifelnd, ihn durchkreuzend oder verdoppelnd und unzählige andere Gesichter in die Mulden und Kurven hineindenkend, so steckt auch in jeder noch so »authentisch« anmutenden Schilderung

11 So schwierig es auch sein mag, hier von allgemeinen Kategorien zu sprechen, so gibt es doch zwei Bedingungen, die bei einer Klassifizierung als Autobiographie erfüllt sein müssen, und das sind einmal die Identität des Autors, dessen Name auf eine wirkliche Person verweist, und zum anderen die Identität des Erzählers mit der Hauptfigur. Vgl. Philippe Lejeune: Der autobiographische Pakt, Frankfurt/M. 1994, S. 13–51.

12 Zitiert nach: Roy Pascal: Die Autobiographie, Stuttgart/Berlin/Köln/Mainz 1965, S. 228.

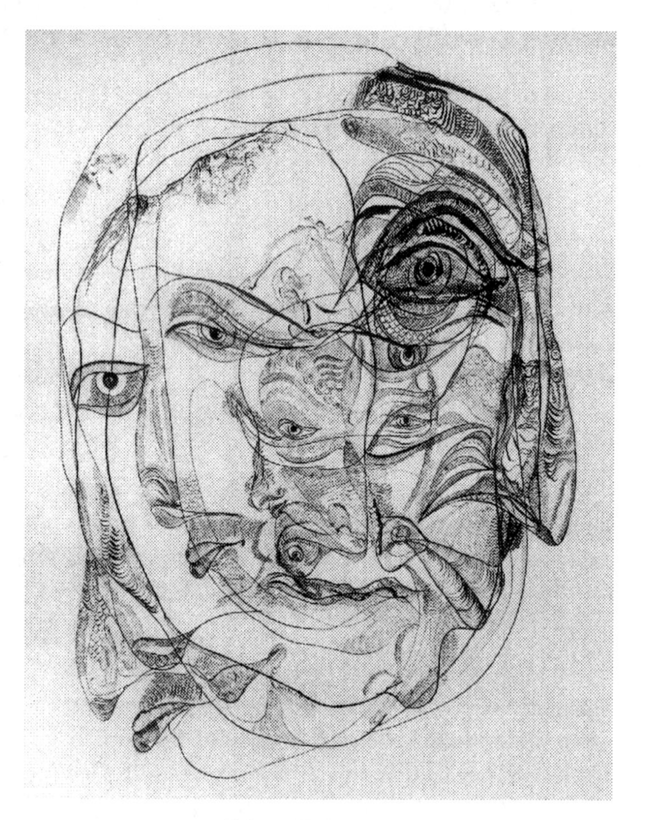

Abb. 3: Unica Zürn,
Federzeichnung, Tusche, Deckweiß, 65,0 x 50,0 cm,
signiert und datiert, *Unica Zürn 65*, Nachlaß Zürn

bereits der Keim einer neuen, manchmal vielleicht nur leicht divergierenden, aber auf jeden Fall davon verschiedenen Fassung, die sich scheinbar wie von selbst aus derselben entwickelt hat.

Anders ausgedrückt: Indem Unica Zürn letztlich nur in der Geste der Verwandlung greifbar wird, untergraben die Zeichnungen und Texte die »Codes erwartungsgemäßer und verständlicher Biographien und Identitäten [...], die unsere Kulturen färben und strukturieren«[13].

13 Seyla Benhabib: »Feminismus und Postmoderne. Ein prekäres Bündnis«, in: Der Streit um die Differenz. Feminismus und Postmoderne in der Gegenwart, S. Benhabib, J. Butler, D. Cornell, N. Fraser (Hrsg.), Frankfurt/M. 1993, S. 14.

3. Topoi der Rezeptionsgeschichte

3.1. Modell Nr. 1: »Das Ineinander von Kunst und Leben« oder »Die Gescheiterte«

Die zu den Arbeiten von Unica Zürn entstandene Sekundärliteratur hat auf das »Untertauchen des Subjekts im Text«[1] überwiegend mit einer heftigen Gegenbewegung reagiert. Damit ist gemeint, daß die AutorInnen ergänzend das zu konstruieren gesucht haben, was die Arbeiten selbst strukturell verweigern: eine Autorin, eine historische Frauengestalt, ein übergreifendes »Ich«, das einen festen Flucht- oder Bezugspunkt darstellen könnte. Man kann diese Vorgehensweise mit Foucault auch als »Prinzip der Verknappung eines Diskurses« charakterisieren:

> »Man verlangt, daß der Autor von der Einheit der Texte, die man unter seinen Namen stellt, Rechenschaft ablegt; man verlangt von ihm, den verborgenen Sinn, der sie durchkreuzt, zu offenbaren oder zumindest in sich zu tragen; man verlangt von ihm, sie in sein persönliches Leben, in seine gelebten Erfahrungen, in ihre wirkliche Geschichte einzufügen. Der Autor ist dasjenige, was der beunruhigenden Sprache der Fiktion ihre Einheiten, ihren Zusammenhang, ihre Einfügung in das Wirkliche gibt.«[2]

Die Rezeption Zürns stellt ein beredtes Beispiel für diese These dar. Es läßt sich zeigen, wie vehement die »Disziplinen in die Produktion von Diskursen«[3] eingreifen, wie sie das Beunruhigende der Arbeiten entschärfen und die irritierende Uneinheitlichkeit und Vielgestaltigkeit durch das »Prinzip des Autors« zu glätten und zu ordnen suchen. Durch eine exemplarische Bezugnahme auf die wichtigsten Positionen der lite-

1 Inge Morgenroth: UNICA ZU ERN, in: Unica Zürn, Das Weisse mit dem roten Punkt. Frankfurt/M., Berlin 1988, S. 213.

2 Michel Foucault: Die Ordnung des Diskurses, Frankfurt/M. 1991, S. 20–21.

3 Ebd., S. 25

raturwissenschaftlichen Sekundärliteratur zu Zürn soll diese Behauptung im folgenden transparent gemacht werden.[4]

In den siebziger Jahren ist es verblüffend still um Unica Zürn. Mit Ausnahme der Lizentiatsarbeit von Franziska Schneider[5], die mit der Zusammenstellung der wichtigsten biographischen Daten und der Erstellung eines Katalogs den Grundstein für alle weiteren Forschungsarbeiten gelegt hat, gibt es keine nennenswerten Beiträge. Sigrid Weigel hat diesen Umstand überzeugend mit der »Ungleichzeitigkeit zwischen dem politischen Diskurs der Frauenbewegung und der Frauenliteratur«[6] erklärt:

> »Während zunächst, als in den 70er Jahren unter den Titeln ›Frauenliteratur‹ und ›weibliche Ästhetik‹ eine lebhafte Debatte begann und eine enorme literarische und künstlerische Produktivität von Frauen sichtbar wurde, die Dokumentation und Darstellung des realen weiblichen Lebenszusammenhanges im Vordergrund stand und damit realistische, autobiographische und in ihrem Anspruch kommunikative Genres und Präsentationsmodi favorisiert wurden, werden jetzt eher Schreibweisen und Gestaltungsmuster bevorzugt, die auf die »Avantgarde« Bezug nehmen bzw. den Anspruch realistischer Darstellung zurückweisen. [...] Das Konzept des autonomen [weiblichen] Subjekts hat die Lektüre von Texten, die heute mit großem Engagement diskutiert werden, beharrlich behindert. Ein Paradox dieser Geschichte besteht darin, daß eine Bewegung, die zunächst zum Ausschluß von Autorinnen wie Bachmann, Zürn, Haushofer u. a. geführt hat, schließlich erst die Vorraussetzungen dafür geschaffen hat, daß ein unerhörtes Interesse und eine verbreitete Sensibilität für deren Literatur entstanden ist.«[7]

4 Ich spreche so ausschließlich von der germanistischen Sekundärliteratur, weil die Kunstgeschichtsforschung Unica Zürn als eigenständige Künstlerin meines Wissens bis heute nicht zur Kenntnis genommen hat.

5 Franziska Schneider (1979).

6 Sigrid Weigel: Die Stimme der Medusa, Frankfurt/M 1987, S. 26

7 Sigrid Weigel, »Wäre ich ein Mann hätte ich aus diesem Zustand vielleicht ein Werk geschaffen«, in: Inge Stephan / Regula Venske / Sigrid Weigel, Frauenliteratur ohne Tradition, Frankfurt/M. 1987, S. 244–247.

Im Zuge des von Weigel beschriebenen Paradigmenwechsels kommt es in den achtziger Jahren einerseits zu Neuauflagen und Veröffentlichungen noch nicht publizierter Arbeiten[8] Zürns, andererseits zu zahlreichen Zeitungsrezensionen und literaturwissenschaftlichen Publikationen. Insgesamt sind die Darstellungen summarisch und überblickshaft gehalten. Das Interesse am Biographischen ist bestimmend. Ruth Henry hat diesen Umstand mit den Worten erklärt:

> »Tatsächlich sind beide so restlos ineinander verwoben, decken sich Werkabsicht und Lebensabsicht in so flagranter Weise, daß die Frage nach dem Menschen, nach dem Privaten am Autor legitim erscheint. Sie ist, so meine ich, sogar notwendig. Das Bedürfnis nach Identifikation mit dem Phänomen Unica Zürn, in auffälliger Inbrunst weit über das bloße Interesse hinausgehend, zeigt sich immer häufiger [...] Das magische Leitbild ›Unica‹ scheint sich in manchen Fällen zur Kultfigur zu verformen.«[9]

Fragt man sich ernsthaft, wie genau wir über die »Lebensabsicht« Unica Zürns informiert sind oder was wir über »das Private« dieser Autorin wissen, so stellt man (vielleicht nicht ohne Erstaunen) fest, daß das, was sich als *dokumentarisches* Material bezeichnen ließe, vergleichsweise spärlich ist.[10]

Das, was sich aus diesen Quellen ergibt, ist nur ein vages Bild von ihrem Wahnsinn, das Wissen um die damit verbundenen langen Aufenthalte in verschiedenen psychiatrischen Kliniken, die undeutliche Ahnung

8 Das Anagrammbändchen »Im Staub dieses Lebens« ist 1980 im Berliner Alpheus Verlag publiziert worden, 1981 erschien im Lilith-Verlag (Berlin) die von Inge Morgenroth herausgegebene Textsammlung »Das Weiße mit dem roten Punkt«, 1982 wird »Der Mann im Jasmin/Dunkler Frühling« bei Ullstein neu verlegt, 1986 geben die Berliner Verleger Brinkmann und Bose die Faksimileausgabe vom »Haus der Krankheiten« heraus, 1988–2001 entstand im selben Verlag die Gesamtausgabe, die inzwischen mit acht Bänden vollständig vorliegt.

9 Ruth Henry (1984) S. 38 ff.

10 Ich meine mit *dokumentarischem* Material ausschließlich das, was tatsächlich mit dem Anspruch auf Dokumentarität geschrieben worden ist.

von der komplizierten und mit zahlreichen Trennungsversuchen verbundenen Beziehung zu Hans Bellmer, und schließlich der Freitod durch einen Sprung aus dem Fenster, den sie im Alter von 56 Jahren in Paris vollzog.

Mit anderen Worten: Unica Zürn war überaus diskret. Und eine kleine Notiz in dem sehr späten Heft »Crecy«[11] verrät, wie bewußt und gewollt dieses Unsichtbarbleiben war. Dort schreibt sie: »Sie selber hatte zwei lesbische Abenteuer in ihrer Jugendzeit, die nur flüchtig waren und schnell vorbeigingen.« Und dann, mit fast strafendem Unterton: »In diesem verfluchten Tagebuch spricht sie indiskret von sehr persönlichen Angelegenheiten, die niemanden etwas angehen. Was denkt sie sich dabei?«[12]

Um so mehr stellt sich die Frage, woher der verbreitete und immer wieder reproduzierte Eindruck rührt, der die AutorInnen der Sekundärliteratur glauben macht, die »Lebensabsicht« Zürns nicht nur zu kennen, sondern auch beurteilen und zu ihrem künstlerischen Schaffen in Beziehung setzen zu können.

Es sind meines Erachtens vor allem zwei Faktoren, die in diesem Zusammenhang eine wichtige Rolle spielen: Zum einen zeigt sich, daß die Verbindung von faktisch spärlichem Wissen, das aber zugleich geheimnisvoll-spektakuläre Züge aufweist, die Phantasie der Rezipientinnen anregt und eine hervorragende Folie für Projektionen darstellt.

Diese Projektionen werden *scheinbar* durch den Umstand verifiziert, daß die Arbeiten Zürns thematisch um dieselben Pole kreisen, die auch unser Wissen von ihrem Leben bezeichnet: um den Wahnsinn, das Verhältnis zwischen Mann und Frau, den Körper, um Nähe und Distanz und die Unmöglichkeit der Liebe.

Zum zweiten bewirkt der Umstand, daß die Arbeiten eine identifikatorische Lesart strukturell verweigern, eine heftige Gegenbewegung, ein noch verbisseneres Festhalten an der vereinheitlichenden Funktion des Autors, in dem die Differenzen zwischen Kunst und Künstlerin und Fiktivem und Realem zum Verschwinden gebracht werden können. Die »Deckungsgleichheit von Lebensabsicht und Werkabsicht«, von der

11 Begonnen Ende Februar 1970. Vgl. GA 5, S. 193
12 GA 5, S. 46

Ruth Henry spricht, ist folglich als ein von den RezipientInnen selbst hergestelltes Phänomen zu analysieren.[13]

Das bislang vollständige Fehlen von Forschungsbeiträgen, die sich konkret einzelnen Arbeiten Zürns zuwenden, wird aus dieser Perspektive verständlich.

Im Rahmen einer detaillierteren Auseinandersetzung würde zutage treten, daß die Texte und Zeichnungen einen traditionellen Autor- und Leserbegriff ganz elementar in Frage stellen. Damit würde das in der Sekundärliteratur unablässig reproduzierte Phantasma Zürn in seiner Funktion als Hilfskonstruktion erkennbar, mittels dessen die RezipientInnen der verstörenden, irritierenden Wirkung der Arbeiten entgegenzuwirken suchen.

Wenn es sich bei der Untrennbarkeit von Kunst und Leben im Fall von Unica Zürn auch um ein – wie ich behaupte – von den AutorInnen erzeugtes Konstrukt handelt, so dient dasselbe paradoxerweise doch gleichzeitig als Fundament für weitere Zuschreibungen und Positionierungen.

So führt Sigrid Weigel gerade dieses verhängnisvolle »Ineinander« von Kunst und Leben als Grund dafür an, daß es Zürn nicht gelingen konnte, die Position eines »schöpferischen Subjekts« einzunehmen und ein »Werk« zu schaffen.

> »Mit der Distanz, die sich seiner zerstörenden und gestaltenden Tätigkeit verdankt, ist es Hans Bellmer gelungen, ein ›Werk‹ zu schaffen, während sich bei Unica Zürn aufgrund des Ineinanders von Text und Leben nicht entscheiden ließe, wo ihr Werk aufhört und wo es anfängt, da sie es nicht fertiggebracht hat, es von sich abzugrenzen. *Er* hat das Dargestellte zum Gegenstand degradiert, hat Objekte gemacht, während *sie* sich in ihre Texte verwandelt

13 Als Beispiel für die zum Teil vollständige und unreflektierte Ineinssetzung von »Kunst und Leben« sei an dieser Stelle Georges Schlocker angeführt, der im Anschluß an eine Aufzählung der von Zürn veröffentlichten Arbeiten sagt: »Viel biographisches Material liegt über Unica *sonst* nicht vor.« Vgl. Georges Schlocker: »Die Sehnsucht nach dem Wunder«, in: Neue Deutsche Hefte, Heft 4 (1982), S. 780

> und in ihren Texten verdoppelt hat. Mit diesen Texten hat sie nicht wie er einen ›endgültigen Triumph‹ – ja, über wen denn überhaupt? – erzielen können und wohl auch nicht wollen. Es gibt anstelle des Triumphes die Andeutung einer ganz anderen Utopie bei ihr: Die Rückkehr der Herzen in die Augen. Die Gesundung schreite aber voran in dem Maße wie sich die Leere der Herzen füllt […]«[14]

Dem »Triumph« des männlichen Schöpfersubjekts stellt Weigel die vage und unverständlich bleibende »Andeutung einer ganz anderen Utopie« bei Zürn gegenüber. Daß den Arbeiten auf diese Weise ein Moment des Scheiterns eingeschrieben wird, ist unübersehbar. Dieses Scheitern wird nun von Weigel nicht – wie man vermuten könnte – im Rahmen einer übergreifenden und geschlechtsspezifischen Problematik behandelt[15], sondern *scheinbar* auf die Besonderheit der künstlerischen Praxis Zürns zurückgeführt.

Doch wie stichhaltig ist dieser Vorwurf? Konfrontieren uns die Arbeiten Zürns nicht mit einer Fülle sehr verschiedenartiger, von der eigenen Person zum Teil auch völlig losgelöster, distanzierter und – wie Weigel selber konzidiert – »klar komponierter, thematisch strukturierter und erkennbaren Genremustern folgender«[16] Arbeiten? Und so taucht auch bei Michael Gratzke die berechtigte Frage auf: »Warum soll das kein Werk sein?«[17]

Das, was meines Erachtens der Kritik Weigels eigentlich zugrunde liegt, tritt an anderer Stelle deutlicher zutage. Dort schreibt sie:

14 Sigrid Weigel (1987,1) S. 274.

15 Im Sinne der von ihr vertretenen theoretischen Position, derzufolge Frauen, wenn sie versuchen, das, was aus den herrschenden Redeweisen und Überlieferungen ausgeschlossen ist, zu beschreiben, den Ort einnehmen müssen, von dem aus sie jedoch, gleich der Medusa, immer schon die Beschriebenen sind. Vgl. Sigrid Weigel (1987,2).

16 Weigel (1987,1), S. 250.

17 Michael Gratzke, »On est fou.« Bilder von Wahnsinn und Weiblichkeit in poststrukturalistischer Theorie und in Unica Zürns Erzählung »Der Mann im Jasmin«, Unveröffentlichte Magisterarbeit, Hamburg 1994, S. 46.

»Unica Zürn hat die Grenzziehung zwischen Schrift und Selbst nicht so vollzogen, daß ihr ein Überleben möglich gewesen wäre.«[18]

Indem der von Zürn vollzogene Freitod durch einen Sprung aus dem Fenster an dieser Stelle aufgerufen wird, wird das Scheitern erneut auf der Ebene der Biographie angesiedelt und *diese* zur eigentlichen Matrix erhoben, aus der sich die Interpretationen bzw. die Beurteilung ihrer Kunst speisen.

Man findet dieses Interpretationsmuster in zahlreichen Texten zu Zürn. In fast nahtloser Übereinstimmung mit Weigel schreibt Carola Hilmes 1994:

»Unica Zürn – Lebensgefährtin von Hans Bellmer, den sie 1953 in Berlin kennenlernt, der sie in die Technik der Anagramme einweist, sie auch zum Zeichnen und Malen anhält [man beachte die Wortwahl; *anhalten*, *einweisen*, die das Verhältnis zu Bellmer charakterisieren, Anm. H. L.] – sie ist Inbegriff einer wahrhaft poetischen Existenz. Für sie sind Kunst und Leben nicht getrennt. Daß sie sich das revolutionäre Programm der Avantgarde auf den Leib schneidert, wird ihr zum Verhängnis. Über den magischen Wortexperimenten beginnt sie verrückt zu werden. Von dieser Zeit an folgt ihr Leben den Strukturen des Imaginären.«[19]

Und auch bei Mona Winters heißt es:

»Dem Ähnlichen ein Unähnliches abzuringen, dem Einheitlichen ein Heterogenes zu entwenden ist gewiß auch ein Problem der Moderne. Das Viele, um das sich Unica Zürn nicht zuletzt auch in ihren Anagrammen bemüht, verwirft den einzig wahren, einzig

18 Weigel (1987,1) S. 250.

19 Carola Hilmes: »Unica Zürn und die Kunst der Anagramme«, in: Carola Hilmes / Dietrich Mathy (Hrsg.), Schriftzüge des Zufalls. Zur Anatomie eines Symptoms, Bielefeld 1994, S. 149.

> richtigen Weg. Es beharrt auf dem systematisch Unvollendeten. Die künstlerische Produktion Unica Zürns trägt dem Rechnung. Im Leben muß sie daran scheitern.«[20]

Die »Pendelbewegung« der Sekundärliteratur (die das aus Zürns Texten und Zeichnungen *konstruierte* Bild ihres Lebens auf die Arbeiten zurückprojiziert, damit diese wiederum das Bild ihres Lebens bestätigen können) kommt in allen zitierten Texten deutlich zum Ausdruck. Und ebenso stimmen sie darin überein, ihrem Leben und ihrer Person ein Scheitern einzuschreiben.

> »Die Person aber wird [...] mit mangel-haften, defizitären Attributen des Scheiterns und des Fehlens (charakterisiert)« – kritisiert Ute Baumgärtel treffend –, »mit den Merkmalen des ewigen Opfers, dessen Ausweg und Hoffnungslosigkeit das produktive Moment der künstlerischen Arbeiten als letzte Rettungsaktion, als Notlösung erscheinen lassen. Es ist das Charakterbild einer ›unfertigen‹ Frau, die in ihren changierenden Imaginationen hin und herpendelt, die unfähig ist, einen Standpunkt zu beziehen, die an der Realität leidet und dieses Leben in einer regressiven Weise mit Phantasien überlagert.«[21]

3.2. Modell Nr. 2: »Die Wahnsinnige«

Eine etwas andere Spielart desselben Deutungsmusters stellt meiner Ansicht nach der Versuch dar, die bei Unica Zürn diagnostizierte Schizophrenie zur Grundlage der Interpretation zu machen. »Der Psychiater, die Frau, das Manuskript und die Halluzinationen. Fast ist damit schon alles gesagt über Unica Zürn«, schreibt Manuela Reichart.[22]

20 Mona Winter: »Automatische Schwertlilienfelder«, in: Die schwarze Botin, Heft 23 (1984), S. 3.

21 Ute Baumgärtel: Dein Ich ist ein Gramm Dichtang. Die Anagramme Unica Zürns, Dissertation HU Berlin 1999, S. 37–38.

22 Reichart, Manuela: »Im Staub des Lebens«, in: Die Zeit Nr. 13, 25. März 1983.

Während nun die Einordnung Zürns als Geisteskranke die einen dazu verleitet, ihre Arbeiten als »erschreckendes wie faszinierendes Dokument [...], [als] poetisch sublimierte Pathologie, eine Leidensgeschichte von seltenem Format«[23] abzuqualifizieren und ihnen damit zugleich jegliche künstlerische Bedeutung abzusprechen, verführt es die anderen dazu, in ihr eine »Nadja zu sehen, die das Sprechen gelernt«[24] und den »surrealistischen Blick zu Ende geblickt«[25] hat.

Der von den Surrealisten zelebrierte Mythos vom Wahnsinn lebt in letzterer Position fast ungebrochen weiter. Es ist bekannt, daß die Surrealisten eine, wie Silvia Volckmann es ausdrückt,

> »Vorliebe für die Verrückten [bekundeten], für diese delirierenden Rebellen, die sich den Zwängen der Logik widersetzen [und] alle Codes durcheinanderbringen. In ›Nadja‹ entsteht der Mythos der wahnsinnigen Seherin in modernem Gewand, die Révolution Surréaliste preist die ›Hysterie‹ als die größte poetische Entdeckung des 19. Jahrhunderts.«[26]

Bereits bei Xavière Gauthier findet sich der Vorwurf, daß sich dieses Interesse auf das rein Ästhetische am Wahnsinn und den Wahnsinnigen beschränkte.[27] Wenn André Breton und Paul Eluard sich mit Simulationsversuchen von Schwachsinn, akuter Manie, Paralyse, Interpretationswahn, Dementia praecox beschäftigten, so doch vornehmlich, um auf diese Weise zu

23 Ulrich Weinzierl: »Zwischen Pillen und Selbstmord«, in: Frankfurter Allgemeine Zeitung, 12. Januar 1990, Nr. 10, S. 26

24 Gisela von Wysocki: »Weiblichkeit als Anagramm – Unica Zürn« in: Dies., Die Fröste der Freiheit: Aufbruchphantasien, Frankfurt/M. 1981, 2. Auflage, S. 46.

25 Ursula Krechel: »Die geheimnisvolle Unruhe hinter den Wörtern«; in: Süddeutsche Zeitung 18./19. Januar 1992, S. IV.

26 Silvia Volckmann: »Die Lust am Verrücktsein. Eros und Wahnsinn im Surrealismus«, in: Literarische Utopie. Entwürfe, Hrsg. v. Hildegard Grüg, Frankfurt/M. 1982.

27 Xavière Gauthier: Surrealismus und Sexualität, Berlin 1971.

»beweisen, daß dieser Geist (sc. der des ›normalen‹ Menschen) es vermag, sich nach Belieben die hauptsächlichen Wahnvorstellungen zu eigen zu machen, ohne daß es sich für ihn um eine dauerhafte Störung handelte und ohne daß seine Fähigkeit zu geistigem Gleichgewicht den geringsten Schaden nähme.«[28]

Ähnlich wie die – als Befreiung des Individuums verstandene – Praxis der »écriture automatique« an dem bewußten Anteil der unbewußten Bilder vorbeigeht, handelt es sich auch bei dem von den Surrealisten propagierten Bild vom Wahnsinn um einen romantisierenden Versuch, die kulturell tradierte Dichotomie von Wahnsinn und Vernunft aufzulösen.

Starobinski hat diesen für die surrealistische Ideologie insgesamt charakteristischen Widerspruch mit den Worten beschrieben:

»Nichts ist für das Denken Bretons [und der Surrealisten, Anm. H. L.] bezeichnender als dieses Nebeneinander vom Bedürfnis nach theoretischer Abstützung einerseits und andererseits dem Wunsch, die Existenz auf einen Bereich jenseits aller präetablierten Grenzen hin zu projizieren. So wird er sein ganzes Leben damit verbringen, immer und immer wieder eine *Doktrin* zu bestätigen, die jedoch gleichzeitig alle Verbote aufheben soll. So mußte er Vorgänger und »Schutzpatrone« suchen, die sich selbst durch ein Überschreiten der Grenzen auszeichneten. So mußte er ständig Autorität und Aufforderung zum Ungehorsam miteinander versöhnen. Häresie und Heterodoxie kennzeichnen ziemlich deutlich die notwendigerweise unbeständige Synthese von System und Subordination. Das gilt für die Politik (Trotzki), aber ebenso für die Theorie der Psychologie.«[29]

28 Ebd., S. 230.

29 Jean Starobinski: »Freud, Breton, Myers«; in: Peter Bürger (Hrsg.), Surrealismus, Darmstadt 1982, S. 143. Starobinski hat darüber hinaus zeigen können, daß Bretons Konzept des Automatismus weniger auf Freud als auf parapsychologische Schriften des 19. Jahrhunderts zurückgeht. Vgl. hierzu auch: Silvia Eiblmayr: »Automatismus und die Medien: Die Frau als Symptom«, in: Marie-Luise Angerer (Hrsg.), The body of Gender. Körper. Geschlechter. Identitäten, Wien 1995, S. 171–186.

Der von Starobinski beschriebene Zwiespalt zeigt sich in der surrealistischen Vorstellung vom Wahnsinn überdeutlich: Indem diese letztlich den – wie Foucault sagt – »Monolog der Vernunft *über* den Wahnsinn«[30] reproduziert, bleibt die monologische Struktur bestehen, bleibt er bloße Metapher, und das revolutionäre Potential, das man zu transportieren vorgibt, ein rein theoretisches, utopisches Phänomen.

Zugleich – und das ist in unserem Zusammenhang noch wichtiger als die Widersprüche des surrealistischen Konzepts vom Wahnsinn an sich – nimmt das Bild der »Verrückten«, ähnlich wie das der »Hysterikerin«, eine zentrale Stelle im Kanon surrealistischer Weiblichkeitsstereotypien ein.[31]

In Anlehnung an die französischen Theoretikerinnen psychoanalytischer Ausrichtung (Irigaray, Cixous, Clement u. a.) sind nun speziell das Bild der »Hysterikerin« und der »Ver-rückten« von der neueren Forschungsliteratur erneut ins Spiel gebracht worden. Etwas provokant könnte man sagen, daß hier surrealistisches Gedankengut im feministischen Mäntelchen wieder auf der Bildfäche erscheint. Das Delirium, der Wahnsinn und die Hysterie werden zu Formen weiblichen Widerstands, zu einer subversiven Strategie, hinter der man Spuren eines authentischen weiblichen Sprechens bzw. das »neue Universum« (Kristeva) eines weiblichen Diskurses zu entdecken hofft.[32]

30 Michel Foucault, Wahnsinn und Gesellschaft, Frankfurt/M. 1973, S. 8.

31 Aufgrund der Tatsache, daß es sich beim Thema »Weiblichkeit« um ein zentrales Thema der Surrealisten handelt, ist der Kanon der Stereotypien weitgefächert. Das wohl hervorstechendste Merkmal ist die Widersprüchlichkeit der einzelnen Mythen untereinander. Xavière Gauthier hat dies mit den Worten beschrieben: »Am Ende dieser Annäherung an die Frau durch die surrealistischen Kunstwerke zeigt sich, daß ihr widersprüchliche, tatsächlich nicht zu vereinbarende Attribute verliehen worden sind, seelenruhig vermischt, sehr oft von demselben Autor, manchmal innerhalb desselben Werkes. Konsumierbares Fleisch, ist sie auch Männerfresserin. Engel und Dämon, Fee und Hexe [...] Opfer und Henker, nährt sie den Mann und vernichtet ihn.« Und die Autorin schließt daraus ganz richtig: »Wenn sie alles sein kann, so besagt das klar, daß sie nichts ist außerhalb des Männergehirns. Sie ist nichts als eine Erfindung des Mannes.« Vgl. Gauthier (1971), S. 142–43.

32 Vgl. beispielsweise Hélène Cixous: »Die unendliche Zirkulation des Begehrens«, Berlin 1977, S. 26 ff; Catherine Clement: »Hexe und Hysterikerin«, in: Alternative 108/109 (1979), S. 148–154; Luce Irigaray: »Spekulum. Spiegel

In Gisela von Wysockis Text »Fröste der Freiheit« über Unica Zürn kommen die Auswirkungen ein solchen Ansatzes zum Tragen:

> »[...] anders als bei Roussel, dessen Sprache der Zeichen sich jeder Bedeutung verweigert, in einer flachen und kunstvoll reglosen Welt, öffnet das Anagramm Unica Zürns die Wörter für ein *leidenschaftliches* und *aufgelöstes* Geschehen. Das ist das *weibliche Veto* gegen die *männliche Ökonomie* der reinen Form, die implizit doch immer von Bedeutungen und ›individueller‹ Phantasie erfaßt ist, ohne sie doch zu bekennen. [...] Unica Zürns *Poesie des Wahnsinns* ist in einer androgynen Schrift verfasst. Es gibt in ihr nicht die Schwerkraft der weiblichen Sublimation, die in Anpassung endet [...].«[33]

Die auf diese Weise vorgenommenen Festschreibungen führen zwangsläufig zu einer Re-Mythisierung der Kategorie des Weiblichen. In einem unkritischen Umkehr-Diskurs werden der Wahnsinn und die Hysterie zum Widerständigen erhoben. So kommt ein altbekanntes kulturelles Deutungsmuster unter veränderten Vorzeichen wieder zum Vorschein. An die Stelle einer notwendig gewordenen Kritik an bestimmten psychoanalytischen Prämissen tritt ein Essentialismus und Substantialismus des weiblichen Körpers.

1983 hielt die französische Philosophin und Psychoanalytikerin Luce Irigaray im Centre Pompidou in Paris anläßlich einer dort stattfindenden Ausstellung der Zeichnungen Zürns einen Vortrag mit dem Titel »Eine Geburtslücke. Für Unica Zürn.«[34]

Ich gehe auf diesen Text ausführlich ein, weil mit ihm das erste und fast das einzige Mal die Beschäftigung mit den *Zeichnungen* in den Vordergrund rückt. Darüber hinaus bin ich der Ansicht, daß die Sichtweise Irigarays den Blick auf das zeichnerische Œuvre nachhaltig geprägt hat.

des anderen Geschlechts«, Frankfurt/M. 1980; Dies.: »Das Geschlecht das nicht eins ist«, Berlin 1979.

33 Gisela von Wysocki, »Weiblichkeit als Anagramm – Unica Zürn«, in: Dies.: Fröste der Freiheit: Aufbruchphantasien, Frankfurt/M. 1981, S. 47–50.

34 Luce Irigaray: »Eine Geburtslücke. Für Unica Zürn«, in: Dies., Zur Geschlechterdifferenz, Wien 1987, S. 141–149.

Die Mischung ist brisant. Was passiert, wenn sich eine Theoretikerin wie Irigaray, die zu den ›GründerInnnen‹ der von mir soeben kritisierten Richtung der Psychoanalyse gehört, sich mit einer Künstlerin wie Zürn auseinandersetzt? Wider Erwarten macht Irigaray gar nicht erst den Versuch, Unica Zürn zu einer »Heldin des Widerstands« zu stilisieren. Der Umstand, daß sich die Arbeiten Zürns einer eindeutigen Positionierung entziehen, ja diese geradezu verweigern, wird in diesem Fall zum Anlaß für eine geradezu vernichtende Kritik, vielleicht muß man sogar sagen, für ein vernichtendes *Urteil*. Michael Gratzke hat die dem Text zugrunde liegende Strategie mit den Worten beschrieben:

> »An Luce Irigarays Vortrag über Unica Zürn kann gezeigt werden, wie ein künstlerisches Werk mit der dahinter vermuteten Autorinnenpersönlichkeit einer philosophisch-politischen Strategie geopfert wird. ›Eine Geburtslücke‹ versucht weniger, das Schaffen in seiner Besonderheit zu erfassen, als es als den Ausdruck eines elementaren Mangels zu deuten.«[35]

»Das Delirium *kann* der Humus des Schöpferischen sein«[36], schreibt Irigaray zu Beginn ihres Textes. Bei Unica Zürn war dies ihrer Meinung nach nicht der Fall, wenngleich sie den »Wahnsinn« nicht als *Grund* für Zürns »Scheitern« anführen kann. Im folgenden wird deutlich, daß die Schwierigkeit darin begründet liegt, daß sich die Arbeiten Zürns mit Irigarays Begriff vom weiblichen Schöpfertum nicht in Einklang bringen lassen. Bei Irigaray heißt es:

> »Wie kann eine Frau schöpferisch sein und dabei eine Frau bleiben? Wie kann sie fruchtbar werden, ohne sich zu fragmentieren? Wenn sie für den Mann die alleinige Mutter und die Vielzahl Frauen ist, wie kann dann *eine* Frau entstehen?« Es wird ihr nicht gelingen, *außer* sie entdeckt, entfaltet eine andere, eine weder unterworfene noch reaktive Morphologie.«[37]

35 Michael Gratzke (1994), S. 45.
36 Luce Irigaray, (1987), S. 141.
37 Ebd., S. 141.

Diese Morphologie vermag sie in den Zeichnungen Zürns nicht zu finden: »Die ganze Linienführung« – so heißt es in ihrer Interpretation – »drückt eine *Beziehung zur Leere aus, ein Angezogensein von einem Auseinanderklaffen, das schwerer wiegt als jede Materie*. Die Schwere des Körpers, der Körper, wird nur in der Verlagerung, der Fragmentierung, der Zerissenheit des Fleisches und der Welt gesucht und gefunden.«[38]

Hier wird nicht nur stillschweigend unterstellt, daß die Arbeiten Zürns es sich zum Ziel gesetzt hätten, die »Schwere des [weiblichen] Körpers« zu finden und darzustellen. Irigarays psychoanalytischer Blick begreift darüber hinaus Kunst auch als unmittelbar übersetzbaren und entzifferbaren Ausdruck der Psyche eines künstlerisch tätigen Menschen, der sich völlig unabhängig von historischen Umständen oder vom jeweiligen Medium in einem »Kunstwerk« manifestiert.

Marion de Zanger hat die Vorgehensweise Irigarays mit den Worten kritisiert:

> »Zwischen Kunstwerk und Künstlerin besteht jedoch ein Unterschied, in dem Erfinden, Steuern, Streichen oder Hinzufügen, mehr oder weniger bewußt. Dieser Unterschied kann manchmal verwirrend groß oder beängstigend klein sein. [...] Für die dritte Instanz, den Zuschauer, ist es schwierig, diesen schöpferischen Prozeß [...] nachzuvollziehen. Aber: Wer das Ästhetische von einer bestimmten Lebensanschauung aus beurteilt, läuft Gefahr, diese Distanz nicht genügend zu beachten.«[39]

Es stellt sich die Frage, was Irigarays Meinung nach die gelungene künstlerische Selbstschöpfung Zürns verhindert hat, warum es ihr nicht gelungen sein soll, jene »weder unterworfene, noch reaktive Morphologie« für sich zu entdecken, oder, anders herum gefragt, wie eine solche hätte aussehen müssen, um in den Augen Irigarays als »erfolgreich« zu gelten.

38 Ebd., S. 141.

39 Marion de Zanger: »Als wenn es Lüge wäre, daß Liebe ein Segen ist«, Unveröffentlichtes Manuskript 1995, S. 2.

Die erste Frage beantwortet der Text ohne Umschweife. Die allgegenwärtige Präsenz Hans Bellmers in ihrem Leben hat ihr die Frage nach dem »offenen, geschlossenen oder halbgeöffneten Raum zwischen ihr und ihr verstellt. Die Passage zwischen ihr und ihr, zwischen ihr selbst, ist der einzige Weg, um sie aus einer festgelegten Bestimmung herauszulösen, der einzige Weg für sie selbst, sich von dem Mann zu lösen, sich selbst zu finden.«[40]

So hat, laut Irigaray, die von Zürn gewählte *Form des Lebens* verhindert, daß sie ein von den Bestimmungen des Mannes unabhängiges Bild ihrer selbst formen und zu einer weiblichen Identität gelangen konnte. Indem die Arbeiten Zürns daran gemessen werden, inwieweit sie Irigarays Vorstellung vom »einzigen Weg, [...] sich selbst zu finden«, entsprechen, werden sie letztlich nicht nach künstlerischen Kategorien, sondern vielmehr nach bestimmten ethischen Prinzipien und Grundsätzen beurteilt. In einem zweiten Schritt erst wird auf die Arbeiten selbst verwiesen, jedoch in einer Weise, die nicht zu verhehlen vermag, daß es nur noch darum geht, einen bereits vorgefaßten Standpunkt zu begründen und zu rechtfertigen.

Die Kritik an den *Zeichnungen* Zürns sieht schließlich folgendermaßen aus:

> »Wir können nicht reine Reflexe oder zweidimensionale[r] Körper bleiben. [...] Wir sind Volumen, und wir begegnen, erzeugen und schaffen Volumen. [...] Er [Bellmer] beschreibt sie, sie dagegen wird anders: Tier, Gesten, Musik [...] *Sie entflieht ihrer Anatomie*, ihren körperlichen Stellungen. Sie mutiert. Dennoch transfiguriert sie nicht. [...] Hat sie nicht, aus dem Wunsch heraus, wahr, vor allem psychisch wahr zu sein, Häßliches geschaffen und glauben gemacht, da sie selbst zu dem Glauben gekommen war, daß die psyché häßlich, erschreckend furchtbar ist? [...] Kunst, die auf das Aufdecken unserer Beschädigungen, Reizungen, verirrten Partialtriebe aus ist, fehlt ihr nicht die Berührung des Lebens, der Schönheit, verliert sie sich nicht in der Ober-

40 Luce Irigaray (1987), S. 143.

flächendarstellung eines Spiegels, eines Todes? [...] Immer fehlt übrigens die Schwelle. Unica Zürn arbeitet ohne Unterlaß, ruhelos an den Schwellen zum Körper, an seinen Zugängen, seinen Löchern. Um sie das wiedergeben zu lassen – für wen? oder für was? –, was sie zu verschlingen drohen? Mehr noch, um sie – in umgekehrter Richtung – offen zu halten, aber ohne lebendiges, ohne vitales Pulsieren dieser oder in diesen Öffnungen? Und ohne Berühren des Mukösen in seiner Subtilität, seiner Grazie, seiner Stockung. [...] Sie wollte zwar die Kraft [...], die Triebe oder Antriebe ausschöpfen, aber ohne Feier und ohne Kontemplation der Schönheit. Ohne Liebe, würde Diotima sagen.«[41]

In den zitierten Sätzen liegt zunächst unüberhörbar der Rückgriff auf einen romantisch geprägten Kunstbegriff. Irigaray arbeitet mit den Kategorien des »Schönen«, des »Häßlichen«, des »Wahren« und der »Liebe«, aber gerade so, als handelte es sich dabei um ewig gültige Wahrheiten, als hätte es die Brüche der Moderne niemals gegeben und als wären diese Begriffe noch immer eindeutig und klar konnotiert.

Die Kategorien bleiben unklar. Und doch scheint es so zu sein, daß, auf der Ebene des Stils, Irigarays Vorstellungen von »Schönheit« unauflöslich verknüpft sind mit einer Rückkehr zu bestimmten tradierten Darstellungsweisen: Hier wird die figurative Darstellung des Körpers in seiner Dreidimensionalität ebenso eingefordert wie die Darstellung der Illusion seiner Unverletztheit und Unversehrtheit.

Der Text berührt die Arbeiten Zürns nicht. Irigarays Suche nach sichtbaren Grenzen, nach Volumen, nach fester Form läßt sich mit der unruhig vibrierenden, suchenden, einen unabschließbaren Transformationsprozeß vorantreibenden Linie der Zeichnungen Zürns nicht in einen produktiven Zusammenhang bringen.

Und doch muß es fragwürdig erscheinen, wenn eine Autorin die Arbeiten einer Künstlerin nur aus *dem* Grunde als defizitär einstuft, weil sie sich mit dem eigenen theoretischen Modell nicht in Übereinstimmung bringen lassen, ja dieses vielleicht sogar in Frage stellen.

41 Luce Irigaray (1987), S. 143–47.

Ich habe zu Beginn dieses Abschnitts darauf hingewiesen, daß die bislang vorliegenden Interpretationen, die den Wahnsinn Zürns in der einen oder anderen Weise zum zentralen Ausgangspunkt ihrer Analyse machen, meiner Ansicht nach nur eine leicht verschobene Spielart des zuvor aufgewiesenen Deutungsmusters darstellen. Damit ist folgendes gemeint: Sosehr sich die AutorInnen auch bemühen, den Anschein zu erwecken, daß sich die Deutungen aus den Arbeiten Zürns selbst herleiten, so rekurrieren die Interpretationen doch auch hier genaugenommen auf einem phantasmatischen Bild ihrer Biographie.[42]

Der Psychiater Jean-François Rabain geht noch einen Schritt weiter. Seiner Ansicht nach sind die Arbeiten Zürns ebenso verrückt wie Zürn selbst:

> »On a beaucoup écrit sur la folie, mais que se passe-t-il quand c'est l'écriture elle-même devient folle? Lorsqu'elle acquiert cette dérive où le sens se brise et se métamorphose où le texte est envahi a tel point par l'experience du délire [...]«[43]

So naheliegend die Abwertung der Arbeiten Zürns als verrückt und pathologisch in Anbetracht der bei ihr diagnostizierten Schizophrenie auch erscheinen mag, so stellt sich zugleich die Frage, nach welchen Kriterien Rabain glaubt, einen *normalen* von einem *verrückten* Text unterscheiden zu können. Warum kommt niemand auf die Idee, Finnegans Wake von James Joyce als einen verrückten Text zu bezeichnen und ihn aus dieser Perspektive zu analysieren?

Gilt es nicht, sich der Einsicht zu stellen, wie Michael Gratzke es mit Rekurs auf Foucault getan hat, daß

42 Ich stimme in diesem Punkt mit Marion de Zanger überein, die über die Deutung von Irigaray schreibt: »Irigaray erweckt den Eindruck, als könne sie die Deutung an Zürns Kunst ablesen. Dies kommt mir jedoch unwahrscheinlich vor. Obwohl Irigaray sich hierüber nicht weiter ausläßt, scheint ihre Analyse mir eher Zürns Biographie zu entspringen: Irigarays Formen und Bildbeschreibungen passen gut zu Unica Zürns Lebenslauf.« Zanger (1995), S. 8.

43 Jean-François Rabain, in: Obliques. »La femme Surréaliste«, Sonderausgabe zu Nr. 14–15, (1977), S. 261

»jeder Satz verrückt und normal ist, denn die Sprache (langue) ist wahnsinnig – sie birgt keine Sicherheit für das Gesprochene (parole). Es gibt keine Wahrheit des Satzes, der Figuren, der Zitate. Sie tauschen sich aus wie die vielen Doubles. Doch diese Drift macht auch Angst.«[44]

Diese Angst wird verschwiegen. Die Angst, die daher rührt, daß die Arbeiten verstören, weil sie wörtlich nehmen, »daß das Ich ein Du in der Sprache ist«[45], und auf diese Weise eigentlich die Identifikation des Betrachters mit »seinem« Bild verweigern, bleibt ein in der Rezeption unausgesprochenes und diese doch zugleich bestimmendes Phänomen.

3.3. Modell Nr. 3: Das Verhältnis Unica Zürn – Hans Bellmer

Ein anderer Punkt, der die vorliegende Zürn-Rezeption nachhaltig geprägt hat, ist die Frage nach dem Verhältnis Unica Zürns zu ihrem Lebensgefährten, dem Künstler Hans Bellmer.

Es liegt nahe und ist wohl immer verführerisch, das Wirken eines Künstlerpaares daraufhin zu untersuchen, inwieweit die Arbeiten des einen durch die des anderen geprägt und beeinflußt worden sind. Die Sekundärliteratur macht im vorliegenden Fall zugleich auf geradezu paradigmatische Weise deutlich, wie sehr das Schaffen eines Paares im Rahmen kunsthistorischer »Narrationen« zu einem »Meister-Schüler(in)-Verhältnis« umgedeutet wird. Und so handelt es sich wohl auch kaum um einen Zufall, wenn gerade die Kunstgeschichtsschreibung, die ansonsten vollständig darauf verzichtet hat, Unica Zürn als Künstlerin wahrzunehmen, ihr in diesem Zusammenhang plötzlich Beachtung schenkt.

Wenn Sarane Alexandrian 1973 schreibt, daß »Unica Zürns Krankheit Bellmer zu einer ungewöhnlichen Erfahrung verhalf, von der noch einige seiner quälendsten Arbeiten Spuren tragen«[46], und Peter Gorsen

44 Gratzke (1994) S. 111.
45 Ebd., S. 109.
46 Sarane Alexandrian: Surrealismus, München 1973, S. 116.

sie lakonisch als »Bellmers verrückte Liebe seiner späten Lebensjahre«[47] bezeichnet, so wird hinlänglich deutlich, wo und wie die kunsthistorische Forschung ihre Akzente setzt: Unica Zürn wird auf die Funktion eines »Störfaktors« festgelegt und reduziert.

Auf diese Weise kommt ein verbreitetes Interpretationsmuster einer patriarchalisch strukturierten Kultur zum Tragen. Die »Krankheit« Zürns dient in diesem Zusammenhang, ähnlich wie Elisabeth Bronfen dies für Darstellungen der weiblichen Leiche zeigen konnte, als

> »[...] Chiffre für andere Konzepte, als privilegierter Bedeutungsträger, als Trope, und bietet so der westlichen Kultur eine Plattform, sich zu stabilisieren und zu repräsentieren. [...] Es ist der Kampf gegen die *durch das Andere* (das Weibliche, der Tod) hervorgerufene Unordnung. Die Entstellungen lassen sich als Strategien zur Wiederherstellung der Ordnung lesen. Die Phantasie von Sicherheit. Die Unsicherheit.«[48]

Indem Unica Zürn in diesen Interpretationen ausschließlich als *Synonym von Störung* fungiert, mit dem sie sowohl als Künstlerin wie auch als Person vollständig aus dem Blickfeld geraten und zum Verschwinden gebracht werden kann.

Die Hoffnung oder der Eindruck, daß sich der Tenor kunsthistorischer Untersuchungen in neuester Zeit gravierend geändert haben könnte, erweist sich als Fehleinschätzung.

Marcelle Fronfreide betrachtet die Beziehung Zürn – Bellmer zunächst aus einer gänzlich anderen Perspektive. So geht es ihr nicht darum, festzustellen, welche Bedeutung Zürn im Rahmen der künstlerischen Entwicklung Bellmers zukommt, sondern herauszufinden, welchen Einfluß diese *Beziehung* auf Zürns eigenes Leben und ihre eigene künstlerische Entwicklung hatte. Sie gelangt zu dem Schluß:

47 Peter Gorsen, »Das Theorem der Puppe nach Hans Bellmer«, in: Hans Jürgen Heinrichs (Hrsg.), Der Körper und seine Sprachen, Frankfurt/M. 1989, S. 95.

48 Elisabeth Bronfen, Nur über ihre Leiche, München 1994, S. 10.

> »Although Zürn's accomplishments and undoing may not have been determined by Bellmer, nonetheless she built and destroyed herself within his inexorable presence. She could not shield herself from his reflection, both as man and as artist, or avoid being shattered against this inexorable mirror.«[49]

Letztlich wird hier aber nur ein bewährtes kulturelles Deutungsmuster durch ein anderes, die phallische Ordnung gleichermaßen stabilisierendes ausgetauscht.

Das Motiv der ambitionierten, ehrgeizigen Frau, die im künstlerischen Wettstreit mit dem genialeren, begabteren Mann ihre eigenen Grenzen erkennen muß und daran in der einen oder anderen Weise zugrunde geht, ist ein hinlänglich bekanntes kulturgeschichtliches Phänomen, mit dem der vorherrschende »Meister-Diskurs« immer wieder neu gesichert wird.

Vielleicht bedingt durch die unterschiedlich gelagerten Fragestellungen und Schwerpunkte der Literaturwissenschaft, erscheint das Verhältnis Zürns zu Bellmer in den Texten dieser Disziplin in einem etwas anderen Licht. Es geht nicht so sehr darum, die künstlerische Vorbildhaftigkeit und Unerreichbarkeit Bellmers für Zürn weiter zu stilisieren, sondern vielmehr um die Frage, inwieweit die kunsttheoretischen Ausführungen Bellmers einerseits (und seine »Puppen« als sichtbare Repräsentanten dieser Theorie) und die Person, der Körper und die Kunst Unica Zürns andererseits in einem komplementären Verhältnis zueinander stehen.

Für Sabine Scholl, die die bislang einzige Monographie zu Unica Zürn vorgelegt hat, sieht dieses Verhältnis folgendermaßen aus: Während die Arbeiten Zürns vor allem ein »unstillbares Leiden« am »Wegfall der Repräsentation, [der] Leerstelle des allgemeingültigen Zeichens, dem weder Gott noch ein Mann mehr entspricht«[50], zum Ausdruck bringen, ist es Hans Bellmer gelungen, Unica Zürn zur Verkörperung, ja zur realen Repräsentantin seiner Theorie zu machen. So schreibt sie:

49 Marcelle Fronfreide: Nachwort zu »Approches d'Unica Zürn«, Paris 1981.
50 Sabine Scholl: »Fehler Fallen Kunst. Zur Wahrnehmung und Re/Produktion bei Unica Zürn«, Frankfurt/M. 1990, S. 204.

»Das Licht und auch die Reflexion liefert vielleicht der Andere, und das nun real, macht möglicherweise Hans Bellmer, er repräsentiert sie: die Puppe, das Mädchen, die Wahnsinnige, die schöne Gefangene; [...] Sie läßt Bilder von sich machen, produziert sich in seinem Blick [Licht], wird so bedeutend in einem männlichen System, das das Weibliche ver-Herr-licht (der Surrealismus z. B.).«[51]

Es ist gerade der Bezug zwischen den Puppenkonstruktionen[52] Bellmers und der Person Zürns als reale Verkörperung derselben, auf den zuerst im Umkreis der (späten) Surrealisten selbst, dann in der Folge und bis heute immer wieder hingewiesen worden ist. In Unica Zürns Aufzeichnungen findet sich die Schilderung:

»[Es] klopft [...] an der Tür und sie bekommen Besuch, – Bona und André Mandiargues – alte Freunde von Hans [Bellmer]. André deutet auf das Puppenbild, das über der Tür hängt, und sagt, daß das Gesicht der Puppe dem ihren gleicht, und fügt, als Dichter, dieser Feststellung den romantischen Gedanken hinzu, daß Hans den Kopf der Puppe wie in Voraussicht auf die spätere Begegnung mit Unica modelliert und geschnitzt hat.«[53]

Kaum überraschend, daß Unica Zürn an dem romantischen Gedanken einer solch »weisen Voraussicht« Bellmers, in der etwas Ahnungsvolles, etwas orakelhaft Beschwörendes liegt, Gefallen fand. Als heutige BetrachterIn, die dieser Begeisterung, ja Obsession der Surrealisten für die »Puppe« distanzierter und kritischer gegenübersteht, ist man eher geneigt, diese Bemerkung Mandiargues als Ausdruck eines – wie Peter Gorsen es formuliert hat – »pygmalionistischen Beziehungswahns zwi-

51 Ebd., S. 113.
52 1933 begann Bellmer in Berlin mit dem Bau der ersten »Puppe«, die Ausgabe der Photoserie erschien 1934. Die zweite »Puppe«, die vom Element der beweglichen Bauchkugel ausging, wurde Ende 1937 abgeschlossen. Vgl. hierzu die Ausführungen Hans Bellmers, in: Ders., Die Puppe, Frankfurt/M., Berlin, Wien 1983, S. 9–14 und S. 116.
53 GA 5, S. 146.

schen Phantasie und Wirklichkeit in Bellmers Puppentheorem«[54] zu lesen.

Und doch stellt sich die Frage: Wie berechtigt ist die verbreitete Annahme, daß Unica Zürn für Bellmer die Erfüllung einer Wunschphantasie darstellte, daß er in ihr tatsächlich die Verkörperung seiner Puppe sah? *Und vor allem: Wie signifikant ist diese Frage für das Verständnis der Arbeiten Zürns?*[55]

Bei den AutorInnen, die zu zeigen versuchen, wie sich der wechselseitige Einfluß des Paares auf ihre jeweiligen *künstlerischen* Arbeiten ausgewirkt hat, steht zumeist der enge Zusammenhang von Unica Zürns Anagrammdichtung und Bellmers Theorie eines körperlichen Unbewußten im Mittelpunkt.

Der Vergleich drängt sich fast auf, bedingt durch die Tatsache, daß Bellmer schon für Zürns erste Publikation von Anagrammgedichten,

54 Peter Gorsen (1989), S. 95.

55 Auffällig viele der Photographien, die sich erhalten haben, zeigen Zürn und Bellmer zusammen mit seiner Puppenkonstruktion. Besonders eindrücklich und oft zitiert ist ein kunstvoll komponiertes Photo, auf dem Zürn im Vordergrund die Puppe in den Armen hält, ins Spiel mit ihr versunken, während Bellmers Gesicht geheimnisvoll verschlossen und düster aus dem Dunkel auftaucht, die BetrachterIn fixierend. Alain Chevrier schreibt über dieses Photo: »En ce qui concerne le fameux ›fetiche‹ (Gemeint ist die Puppe, Anm. H. L.), de Bellmer et sa place dans le couple on se reportera à la terrible photographi d'Unica Zürn vieillie, tenant ›la poupée‹ dans ses bras tandis Bellmer, lui tient l'arrière-plan, comme le maître aux créatures d'Œuvre tirant les ficelles de ses deux creatures.« (Alain Chevrier (Hrsg.): Hans Bellmer. Unica Zürn, Lettres au Docteur Ferdière, Paris 1994, S. 91) Sosehr ich den Gedanken teile, daß sich Bellmer sowohl bildkompositorisch wie auch hinsichtlich des Gestus der Darstellung als ›Regisseur‹ in Szene setzt, so erscheinen mir doch andererseits Zürn und die Puppenkonstruktion nicht gleichermaßen als seine beiden Geschöpfe. Die Interpretation greift insofern zu kurz, als sie die merkwürdige, fast unheimliche Spannung, die durch das konzentrierte Spiel entsteht, außer acht läßt. Sigrid Schade hat mit Blick auf dieses Photos darauf verwiesen, wie eng die Existenz der surrealistischen Puppe mit dem Medium der Photographie verknüpft war, ja daß sie »mit dem Photographiertwerden geradezu gerechnet hat«. (Sigrid Schade, »Die Spiele der Puppe im Licht des Todes«, in: Fotogeschichte, (1994), Heft 51, S. 27–36). Sie schreibt: »Die Anwesenheit von Puppen auf dem Foto stört die imaginäre Identifikation mit fotografierten Menschen, weil sie eine bedrohliche Perspektive auf die im gleichen Medium

die »Hexentexte«[56], ein Nachwort geschrieben hat, in welchem er sich nicht nur theoretisch zur anagrammatischen Textpraxis an sich äußert, sondern diese darüber hinaus zu seiner eigenen Arbeit am Körper in Bezug setzt. Er schreibt dort:

> »Anagramme sind Wörter und Sätze, die durch Umstellen der Buchstaben eines gegebenen Wortes oder Satzes entstanden sind. [...] Wir wissen nicht viel von der Geburt und der Anatomie des ›Bildes‹. Offenbar kennt der der Mensch seine Sprache noch weniger, als er seinen Leib kennt: Auch der Satz ist wie ein Körper, der uns einzuladen scheint, ihn zu zergliedern, damit sich in einer endlosen Reihe von Anagrammen aufs Neue fügt, was er in Wahrheit enthält. [...] An der Lösung scheint der Zufall großen Anteil zu haben, als wäre ohne ihn keine sprachliche Wirklichkeit echt, denn am Ende erst, hinterher, wird überraschend deutlich, daß dieses Ergebnis notwendig war, daß es kein anderes hätte sein können. – Wer täglich ein Anagramm in seinen Kalender schreiben wollte, der besäße am Jahresende eine genauen poetischen Wetterbericht vom Ich.«[57]

Indem Bellmer konstatiert, daß für ihn »auch der Satz wie ein Körper [ist], der uns einzuladen scheint, ihn zu zergliedern«, wird die anagrammatische Textpraxis Zürns gleichgesetzt mit den Überlagerungs- und Verschiebungspraktiken, die er am Objekt des weiblichen Körpers sichtbar zu machen versucht hat. In diesem Zusammenhang ist es aufschlußreich, daß Bellmer genau zu der Zeit, als Zürn mit den »Hexentexten« beschäftigt war, an seiner Schrift »Kleine Anatomie des körperlichen Unbewußten« arbeitete, in der die Theorie des »körperlichen Unbewußten« ausführlich dargelegt wird. Der Grundgedanke ist folgender:

präsenten Personen wirft.« (Ebd., S. 35–36) Die Herangehensweise von Schade ermöglicht nicht nur eine differenziertere Sicht auf das Phänomen, sie bietet auch eine Möglichkeit, dem Opfer-Diskurs zu entgehen, der sich in diesem Zusammenhang sonst fast zwingend ergibt.

56 Unica Zürn: Die Hexentexte. Zehn Zeichnungen und zehn Anagramm-Texte mit einem Nachwort von Hans Bellmer, Galerie Springer Berlin 1954.

57 Hans Bellmer. Nachwort zu den »Hexentexten«.

Bellmer geht von virtuellen Erregungszentren aus, die ihm eine wesentliche Rolle bei der Geburt des Ausdrucks zu spielen scheinen. Die Konzentration auf diese Zentren führt zum Gebiet der inneren Empfindungen hin, die wir, bewußt oder unbewusst, von unserem Körper haben. Es sind Körper-Schemata, deren Inhalte wandern, sich überlagern und deren bewegliche Welt mit unserem Vokabular nicht erfaßt werden kann. So kann ein ungenaues Verlangen nach Lusterfüllung von der Zone des Geschlechts amputiert werden, der Inhalt jedoch frei verfügbar bleiben, andere Freistellen besetzen und sich auf diese Weise mit einer erlaubten Wirklichkeit drapieren. Das Verlangen des Geschlecht kann sich auf die Achsel, vom Bein auf den Arm, vom Fuß auf die Hand, von den Zehen auf die Finger verlagern. Es entstehen Bildermischungen aus Realem und Virtuellem, aus Erlaubtem und Verbotenem. Es ist ein zweideutiges Amalgam, ein doppelschichtiges Bild mit irisierenden Konturen, weil die deckungsgleich gewollten Bilder immer nur annähernd einander ähnlich sind.[58] Bellmers Zeichnungen, Stiche und Photos stellen den Versuch dar, den Bewegungen der psychischen Struktur des Physischen – und damit einer Sprache des körperlichen Unbewußten – auf die Spur zu kommen. In Entsprechung dazu sieht er die anagrammatische Textpraxis Zürns als eine Möglichkeit, zu einer unbewußten Struktur der Sprache vorzudringen. Sigrid Weigel macht an diesem Punkt folgende Kritik geltend:

> »Wenn er [Bellmer, Anm. H. L.] den Körper wiederholt mit der Sprache vergleicht und seine Zergliederung und neue Zusammensetzung schließlich mit dem Anagramm, dann verschweigt er dabei aber, daß die Techniken, mit denen er über die Körper verfügt, vielfältiger sind als die, welche bei der Umstellung von Buchstaben anwendbar sind. Wesentlicher aber ist die Tatsache, daß die Arbeit am Material des Frauenkörpers immer mit der

58 Hans Bellmer: »Kleine Anatomie des körperlichen Unbewußten«, in: Die Puppe, Frankfurt/M., Berlin, Wien 1983, S. 74.

59 Sigrid Weigel: »Hans Bellmer. Unica Zürn: »Auch der Satz ist wie ein Körper ...«, in: Dies., Topographien der Geschlechter, Reinbek bei Hamburg 1990, S. 85.

verwischten Unterscheidung zwischen realer Frau und ihrem Bild bzw. Nachbild operiert, daß die Darstellungen, die nicht vorgeben, eine reale Frau zu repräsentieren, dennoch ständig mit der Ähnlichkeit und dem Verweis auf den Frauenleib spielen.«[59]

Die Argumentation Weigels basiert auf der uneingestandenen Auffassung, daß es sich bei dem verzerrten, fragmentierten Körper in den Darstellungen Bellmers um Zerstückelungen eines vordem »ganzen« Körperbildes handelt, das wiederum einen authentischen weiblichen Körper repräsentiert. D. h., die Darstellungen Bellmers werden als Abbilder und eben nicht als die imaginären Modelle, als die sie intendiert waren, verstanden.[60]

Sigrid Schade, die demgegenüber von der theoretischen Prämisse ausgeht, daß Darstellungen »ganzer weiblicher Körper« innerhalb unseres Bild-Sprache-Systems immer das Begehren des abwesenden männlichen Blicks repräsentieren, erscheint auch die von Bellmer vorgenommene Gleichsetzung unproblematisch. Den Gedanken Bellmers folgend schreibt sie:

»Sein [Bellmers, Anm. H. L.] ästhetisches Verfahren entspricht in etwa dem, was seine Lebensgefährtin Unica Zürn auf einer poetologischen Ebene versuchte. So, wie sie die Grammatik der Sprache, die Identität von Signifikant und Vorstellungsbild in ihren Anagrammen auflöst, bringt auch Bellmer auf der bildlichen Ebene Formen, die Erinnerungsspuren an männliche und weibliche Körper aufweisen, in neue, nicht in der symbolischen Ordnung festgelegte Zusammenhänge.«[61]

60 Die theoretischen Ausführungen Bellmers lassen keinen Zweifel daran aufkommen, daß er seine Körperdarstellungen nicht als Abbilder, sondern als Phantasmen verstanden hat.

61 Sigrid Schade: »Der Mythos vom ›Ganzen Körper‹. Das Fragmentarische der Kunst des 20. Jahrhunderts als Dekonstruktion bürgerlicher Totalitätskonzepte«, in: Ilsebill Barta, Zita Breu u. a. (Hrsg.), Frauen. Bilder. Männer. Mythen, Berlin 1987, S. 251.

Wenn Schade darin zuzustimmen ist, daß im Rahmen der anagrammatischen Textpraxis das Band zwischen Signifikat und Signifikant gelöst und »in einem gewagten Akt [...] die Gesetze des Symbolischen verrückt«[62] werden, so kann ich die Ansicht nicht teilen, daß Bellmer – analog dazu – zu imaginären Körper-Schemata vorgedrungen ist, die »auf *nicht* in der symbolischen Ordnung festgelegte Zusammenhänge« verweisen. Bellmer ganz explizit davon, daß seine Bilder eine *Sprache* des körperlichen Unbewußten zu umschreiben suchen. Er geht in seiner Untersuchung von der »Traumdeutung« Freuds aus und überträgt die Erkenntnis, daß das Unbewußte *wie eine Sprache strukturiert sei*, auf den Bereich des Körpers. Die phallische Ordnung, die unsere Sprache strukturiert, formt jedoch gleichermaßen auch die Sprache unserer Körperbilder und Wahrnehmung. Auf welche Weise sollte es gelingen, zu Zusammenhängen vorzudringen, die nicht in der symbolischen Ordnung festgelegt sind?

Die Gleichsetzung verschleiert den bewußten Anteil, der bei der Findung dieser vermeintlich unbewußten Körper-Schemata enthalten ist. Vergleichbar dem surrealistischen Mythos der écriture automatique, in dem die Künstler ja ebenfalls einen direkten Zugang zum Unbewußten sehen wollten, sind auch die Verschiebungs- und Überlagerungsphantasien am weiblichen Körper, denen Bellmer in seinen Zeichnungen und Bildern nachgeht, in einem *bewußten und sowohl geschlechtsspezifisch wie kulturell determinierten Bildfindungs-Prozeß* entstanden. Die geschlechtspezifische Komponente beispielsweise hat Bellmer durch die Einführung der dialektischen Figur des Hermaphroditen zu kaschieren versucht. So schreibt Peter Gorsen: »Ihm [Bellmer] bedeuteten das Männliche wie das Weibliche vertauschbare Bilder [...]: das eine wie das andere zielen zu ihrem Amalgam hin, dem Hermaphroditen.«[63] Gorsen geht auf diesen problematischen Aspekt der Figur des Hermaphroditen in den Ausführungen Bellmers ein, setzt dieser jedoch eine gleichermaßen fragwürdige essentialistische Position entgegen, die suggeriert, daß die in Bellmers Arbeiten fehlenden Bilder »weiblicher Lust« (hätte

62 Inge Morgenroth (1988), S. 212.
63 Vgl. Peter Gorsen (1989), S. 94.

sein Narzißmus ihm nicht im Weg gestanden) einfach hätten ergänzt werden können.[64]

So schreibt er in seinem Artikel über Hans Bellmer:

»Es fällt auf, daß [...] die korrelative Ergänzung [des Hermaphroditischen, Anm. H. L.] vom Standpunkt der weiblichen Antagonisten nicht vollzogen wird. Die für das Bild der weiblichen ›Körperphantasie‹ zu entfaltenden Vaginaprojektionen auf den Mann kommen bei Bellmer nicht vor. [...] Selten wird das hermaphroditische Scharnier von phallisch und vaginal eingedenk seiner dialektischen Dynamik an der Anatomie des männlichen Bildes zeichnerisch zum Ausdruck gebracht. [...] Das ausführliche Bild des von weiblicher Lust besetzten Mannes ist uns der Adorant des Hermaphroditischen schuldig geblieben. Sein Narzißmus und die Extrovertierung des Mannes haben über das Theorem des Hermaphroditismus Oberhand behalten.«[65]

Kehrt man nun zu der eingangs gestellten Frage zurück, inwieweit die anagrammatische Textpraxis Zürns sich komplementär zu Bellmers Theorie eines »körperlichem Unbewußten« verhält bzw. inwieweit sich die anagrammatische Textpraxis tatsächlich – wie Bellmer selber aus-

64 Silvia Eiblmayr hat die den Texten von Gorsen zugrunde liegende »ahistorische Ontologisierung der Geschlechterdifferenz« treffend charakterisiert. Sie schreibt: »Die Ungleichartigkeit von Mann und Frau ist – nach Gorsen – in der Geschichte männlicher Herrschaft über die Frau, die eigentlich noch der Naturgeschichte angehört, begründet: »Die Herrschaftsoptik des Mannes läßt das Weibliche sich nicht als autonom weiblich, sondern als heteronome Weiblichkeitsprojektion des Mannes verwirklichen.« Gorsen definiert ›Weiblichkeit‹ und ›Männlichkeit‹ als essentiell natürlich und virtuell autonom, freilich entgeht er damit nicht einer ahistorischen Ontologisierung der Geschlechterdifferenz. ›Die Frau‹ bleibt – trotz oder wegen des auf sie projizierten Befreiungsanspruchs – im Bereich der Naturgeschichte. Patriarchalische Herrschaft und männliche ›Herrschaftsoptik‹ finden keine Erklärung, und der Anteil der Frau am Funktionieren von Herrschaft und ›Herrschaftsoptik‹ wird unterschlagen. Vgl. Silvia Eiblmayr: Die Frau als Bild. Der weibliche Körper in der Kunst des 20. Jahrhunderts, Berlin 1993, S. 23.

65 Peter Gorsen (1989), S. 129–131.

drückt – »mehr dem Zutun eines ›anderen‹ als dem eigenen Bewußtsein verdankt [...]«[66], so wird folgendes transparent:

Durch die Verschränkung seiner Bildersprache eines körperlichen Unbewußten mit der anagrammatischen Textpraxis Zürns legt Bellmer ein bestimmtes Verständnis bzw. eine bestimmte Lesart der Anagramme nahe. Genauer gesagt, indem die Textpraxis des Anagrammierens an sein theoretisches Gerüst gebunden bleibt, rückt vor allem der Aufschluß, den das Anagramm über das Unbewußte des Anagrammierenden geben soll, ins Zentrum. Das ungeheuer radikale Potential dieser künstlerischen Praxis bleibt auf diese Weise verborgen.

»Wer täglich ein Anagramm in seinen Kalender schreiben wollte, der besäße am Jahresende einen genauen poetischen Wetterbericht vom Ich«, hatte Bellmer im Nachwort zu den »Hexentexten« Zürns geschrieben.

Aber ist das Anagramm nicht viel mehr? Leugnet man auf diese Weise nicht die für dieses künstlerische Verfahren so charakteristische Doppelstruktur aus formaler Beschränkung und einem inneren Mechanismus, der das gegebene Buchstabenmaterial in einer potentiellen Endlosschleife immer wieder überschreibt und damit jeder endgültigen Fixierung entzieht? Leugnet man nicht den Umstand, daß es kein Signifikat gibt, daß der Text um eine Leerstelle kreist? Tut Bellmer nicht so, als ließe sich hier doch ein Signifikat herausfiltern, nämlich ebenjenes »Ich«, um dessen »poetischen Wetterbericht« es hier geht?

66 Bellmer (1954).

4. Frühe Experimente auf dem Feld der *Sprache*[1]

»Die Dichtkunst ist kein platter Spiegel
der Gegenwart, sondern der Zauberspiegel
der Zeit, welche nicht ist.«
Jean Paul

4.1. *Anagrammatische Textpraxis versus historische Rekonstruktion*

Das »*Phänomen Unica Zürn*«[2], so, wie es sich im Spannungsfeld der Koordinaten »Wahnsinn«, »Selbstmord«, »Scheitern« und »Opfer« formiert, erwies sich als ein extrem hermetisches Gebilde, eine Figur, die aus gleichbleibenden Zitatfolgen immer wieder heraufbeschworen wird.

Vergeblich sucht man nach Ansätzen, die die Arbeiten Zürns in einen umfassenderen Kontext stellen.[3] Sie bleiben auf eine Position *jenseits* der Wirklichkeit und *abseits* von jedem gesellschaftlichen, künstlerischen und tagespolitischen Geschehen festgeschrieben.

> »Vor der strengen Aufsicht der Mutter«, schreibt Ilma Rakusa über Unica Zürn, »flieht sie ins Reich der Phantasie, der Bücher, der Kunst. *Selbst die Wirklichkeit des Nationalsozialismus wird sie kaum wahrnehmen.* [...] 1942 Heirat, dann die Geburt der Kinder Kathrin und Christian.«[4]

1 Wenn ich mich in Kap. 3 ausschließlich mit der *Sprache* und im 4. Kap. vornehmlich mit den *Zeichnungen* befasse, so rührt diese Trennung nur daher, daß Zürn in der Berliner Zeit nach dem Krieg ausschließlich geschrieben hat. Erst nach ihrer Umsiedlung nach Paris, d. h. nach 1953, hat sie sich dem Zeichnen und Malen zugewandt.

2 Ruth Henry (1984), S. 38.

3 Der theoretische Rahmen, mit dem sich Sabine Scholl den Anagrammen von Zürn nähert (Kristeva, Lacan, Foucault), mutet zunächst vielversprechend an, um so überraschender ist die Tatsache, daß der Text schließlich doch nur die Mangelhaftigkeit des Subjekts Zürn bestätigt und damit ein bestehendes Muster reproduziert. Sabine Scholl (1990), S. 47.

Der Eindruck täuscht. Viele vor allem der frühen Arbeiten stellen einen interessanten Bezug sowohl zu tagespolitischen Ereignissen wie auch zur NS-Vergangenheit her. In manchen Fällen ist der Zusammenhang unübersehbar[5], in anderen bleibt er verdeckter. Anhand eines Beispiels soll dies im folgenden näher beleuchtet werden.

Der Text »Ferienzeit im Maison Blanche«, der nur wenige Monate vor Zürns Freitod entstand, verdeutlicht, daß die Erinnerung an den Schrecken des Nationalsozialismus sie zeitlebens verfolgt hat. Dort heißt es: »Sie hat seit langer Zeit diese zwei Komplexe, die Halluzinationen auslösen in Krisen des Wahnsinns: die verbrecherische Epoche der Nazis und die Tatsache, diesem Volk anzugehören, und die 3 Abtreibungen aus Armut und Vertrauensmangel zum Vater der Embryos.«[6]

Die beiden traumatischen Erlebnisse verdichten sich zu Wahnphantasien von kaum vorstellbarer Grausamkeit:

> »Als sie dann hier im Maison Blanche zwei weiße gekachelte Kammern entdeckt, die jetzt für die Aufbewahrung der schmutzigen Wäsche verwendet werden, glaubt sie alte Gaskammern zu erkennen. Die Vergasungseinrichtung für die ehemaligen Gefangenen sieht sie noch in den schwarzen Röhren und halb aus der Wand gerissenen Kabeln. [...] Die alte Atmosphäre des Grauens klebt an den Wänden. Gequält von diesem Gedanken und besessen von dem Schuldgefühl, als Deutsche einer verbrecherischen Nation anzugehören, die aus praktischen und ideellen Mördern

4 Ilma Rakusa, »Das männliche Wesen war ihr so unbegreiflich wie das weibliche Wesen«, in: Die Weltwoche, Nr. 12, 23. März 1989, S. 87. [Hervorhebungen H. L.]

5 So auf einer 1964 entstandenen Federzeichnung, die expressis verbis anläßlich des Todes von John F. Kennedy entstanden ist. Auf der Zeichnung findet sich der handschriftliche Kommentar:« »Tu John Kennedy, tu peut lire cet manuscript in heaven, glory halleluja, c'est ecrivé pour vous, monsieur le eternelle president de U.S.A.«, Tusche, 65 x 50 cm, Privatbesitz. Vgl. GA Z, Abb. 124. Der Bezug ist hier tatsächlich so offensichtlich, daß auch Werner Knapp nicht umhin kann, »überrascht« zu bemerken, daß »die als ›Kennedys Tod‹ betitelte Zeichnung zeigt [...], daß sie [Zürn] am tagespolitischen Geschehen teilnahm«. Wolfgang Knapp: »Surrealistischer Kontext und Rezeption«, in: GA Z, S. 210.

6 GA 5, S. 86.

> besteht, wird sie schlaflos. [...] Eine steile Leiter ohne Geländer, und es wird ihr der Befehl gegeben, sich anzukleiden, für immer auf den Weg zu machen, in den Himmel – ins Paradies. [...] Betäubt von unmöglichen Hoffnungen [...] bleibt sie wie blind auf ihrem Bett sitzen, das plötzlich in die Höhe wächst, sich ausdehnt, über mehrere Etagen von Betten, die sich übereinandertürmen. Dieser Matratzenturm wird durchsichtiger, dieser zehn Meter hohe Turm, auf dem sie schwankend und ängstlich sitzt. Sie senkt die Augen und blickt durch alle Matratzen hindurch und erkennt schaudernd, daß sie auf einem Berg von chirurgischen Instrumenten und blutigen Gummiunterlagen sitzt – zugleich auf den Händen, Knien, Schenkeln und Geschlechtsteilen von vielen Männern, die ihr Kinder zeugten, die nicht geboren werden durften, weil die Armut zu groß war. Sie hat den dumpfen Eindruck, in einer starken Lichtquelle zu sitzen. Scheinwerfer sind auf sie gerichtet, und eine flüsternde oder leise sprechende Zuschauermenge umgibt sie. [...] Sie sitzt auf der vibrierenden Höhe dieses [sic!] Marterturms, in dem sich auch durch die Abtreibung zerstückelte Embryos befinden, die Knochen für Knochen aus dem Uterus herausgenommen worden sind.« [7]

Ähnlich wie bei Ingeborg Bachmann verbinden sich auch bei Zürn Erinnerungsbilder nationalsozialistischer Vernichtungsgewalt, Vergegenwärtigungen von Internierung und Judenvernichtung mit Motiven aus Klinik und Psychiatrie.[8]

Auf ganz andere Weise versuchen die etwas später entstandenen Arbeiten Christa Wolfs dem »Würgegriff der Vergangenheit« entgegenzuwirken. Die Kindheitserinnerungen, die in die Zeit des Nationalsozialismus fallen, werden in ihren Arbeiten einer minutiösen, geradezu pedantisch anmutenden *historischen Rekonstruktion* ausgesetzt.[9] Bei

7 GA 5, S. 84–85.

8 Vgl. hierzu Sigrid Weigel, Bilder des kulturellen Gedächtnisses, Dülmen 1994, S. 137–138.

9 Der zu Beginn des Romans »Kindheitsmuster« geäußerte Satz »Im Kreuzverhör mit dir selbst zeigt sich der wirkliche Grund der Sprachstörung« liest

genauem Hinschauen entdeckt man jedoch Berührungspunkte mit den Arbeiten Zürns, die zugleich verdeutlichen, auf welch unterschiedliche Art und Weise man tatsächlich mit *demselben* Erinnerungsbild umgehen kann.

In Christa Wolfs Roman »Kindheitsmuster« findet sich an einer Stelle der von bitterer Ironie gekennzeichnete Kommentar:

> »Gegen das neue Pausenzeichen im Deutschlandsender konnte ja kein Mensch etwas haben. ›*Üb' immer Treu und Redlichkeit*‹ war eine der ersten Melodien, die Nelly fehlerfrei sang und deren starker Text (›Dem Bösewicht wird alles schwer‹) ihr schon früh den ohnehin tief eingewurzelten Zusammenhang zwischen Guttat und Wohlbefinden noch tiefer befestigte: Dann wirst du wie auf grünen Auen durchs Pilgerleben gehen. Ein nachwirkendes Bild. Die NSDAP hat 1,5 Millionen Mitglieder [...]«[10]

Genau dieser Satz »Ueb' immer Treu und Redlichkeit«[11], findet sich bei Zürn als *Ausgangszeile eines Anagramms*. Im selben Jahr noch hat sie das Gedicht auch zu einer Anagrammzeichnung erweitert. (Abb. 4)[12] Man begreift: Während es bei Christa Wolf der historische Kontext ist, der in seine Einzelheiten zerpflückt und bis ins kleinste, winzigste Detail hinein untersucht wird, ist es bei Zürn in einer dazu diametral entgegen-

sich in diesem Zusammenhang fast wie die Beschreibung ihrer »Methode«. Vgl. Christa Wolf, Kindheitsmuster, München 1994, 2. Auflage, S. 9.

10 Christa Wolf (1994), S. 54.

11 Bei dem Satz handelt es sich um die erste Zeile aus dem Gedicht »Der alte Landmann und sein Sohn« von Christoph Hölty (1748–1776) »Üb' immer Treu und Redlichkeit/ Bis an Dein kühles Grab/ Und weiche keinen Finger breit/ Von Gottes Wegen ab«, sind die ersten vier Zeilen, die auch heute noch bekannt, während der restliche Text in Vergessenheit geriet. Beigetragen hat dazu vor allem der Umstand, daß die Melodie, nach der sie gewöhnlich gesungen wird, eine Melodie aus »Die Zauberflöte« von Mozart ist, das Lied des Papageno »Ein Mädchen oder Weibchen«. Vgl. Duden, Bd. 12, Zitate und Aussprüche, Mannheim/Leipzig/Wien/Zürich 1993, S. 431.

12 (vgl. GA Z, S. 47). Diese heute im Nachlaß befindliche Anagramm-Zeichnung ist stark beschädigt und gehört offenbar zu dem umfangreichen Konvolut von Arbeiten, die Zürn 1961(?) in einer einsamen Nacht in einem Pariser Hotel zerrissen hat und die später mühsam wieder restauriert worden sind.

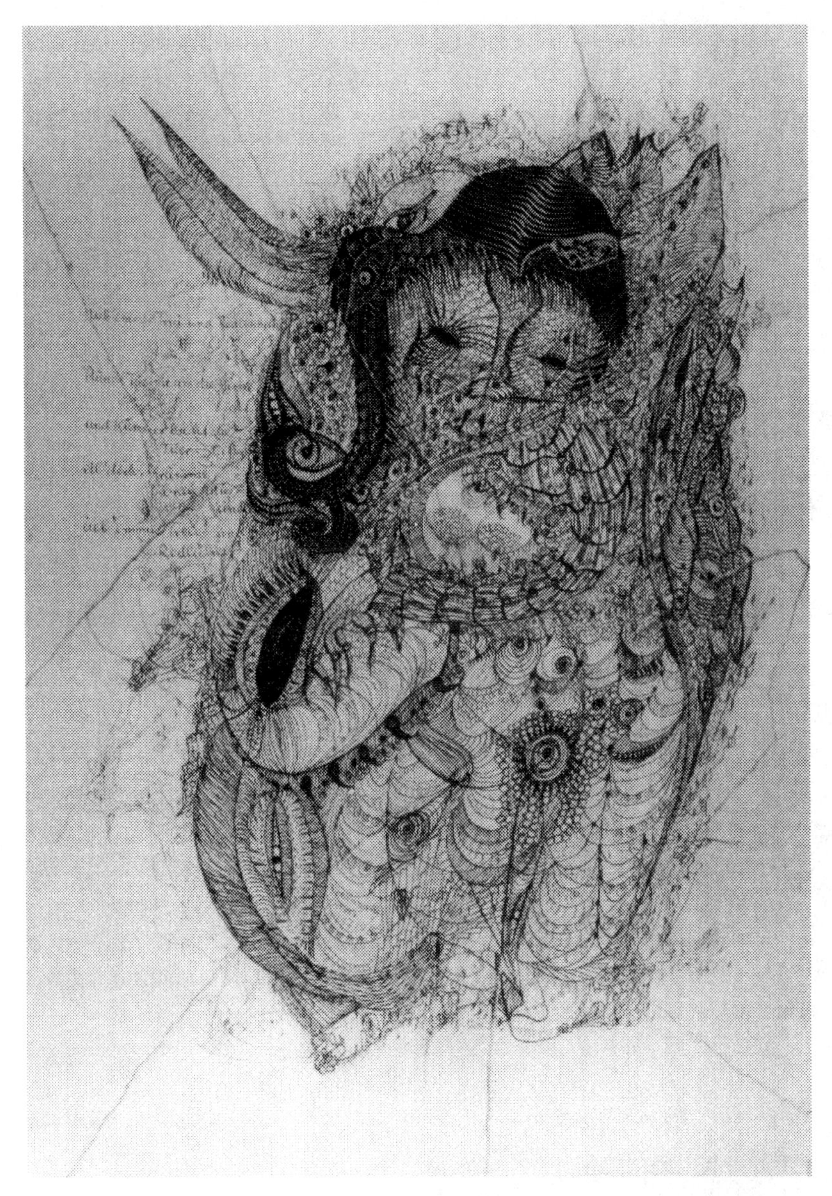

Abb. 4: Unica Zürn, Anagramm-Zeichnung mit handschriftlichem Anagramm
Ueb' immer Treu und Redlichkeit,
Federzeichnung, Tusche, roter Stift, 32,5 x 25,0 cm,
signiert *Ermenonville Unica Zürn*, Blatt von Zürn zerrissen, Nachlaß Zürn

gesetzten Bewegung die Sprache, *der Satz an sich*, der in seine grammatikalischen Bestandteile zerlegt und daraufhin *befragt* wird, was er neben dem sichtbaren und intelligiblen Inhalt möglicherweise sonst noch an weiteren Botschaften enthält.

Das Gedicht, das Zürn durch Umstellen des Buchstabenmaterials der Ausgangszeile »Ueb' immer Treu und Redlichkeit« fand, lautet:

Runde Türme um die Birke, Licht
und Kummer bricht die Tür. Eile,
eil dich, krumme breite Rute und
ueb' immer Treu und Redlichkeit.

So kryptisch und unverständlich der Inhalt des Anagramm-Gedichts auf den ersten Blick anmutet, so erzeugen die darin verwendeten Begriffe und Bilder doch nicht nur eine charakteristische Stimmung, sondern auch eine bestimmte textuelle Bewegung.

Das Umzingeltsein der Birke durch die runden Türme, die vom Kummer zerbrochene Tür, die Eile der krummen breiten Rute, all diese Elemente vermitteln den Eindruck von Gefahr und Bedrohung. Die mit Drohung und Strafe verknüpfte »krumme breite Rute« wird dabei einerseits zu eiligem Handeln angetrieben, durch die abschließende Wiederholung der Ausgangszeile »*und* ueb' immer Treu und Redlichkeit« jedoch gebremst und in einen verblüffenden, ja geradezu paradox anmutenden inhaltlichen Zusammenhang gezwungen. Sie kollidiert mit dem Appell an »Treu und Redlichkeit«. Der zunächst hell und forsch anmutende Klang der Ausgangszeile büßt auf diese Weise im Verlauf des Gedichts seine Eindeutigkeit ein und erhält in Anbetracht des zuvor entworfenen Szenarios eine unbestimmte, doppelbödige Seite.

Indem die »semiotischen Würfelspiele«[13] des Anagrammierens die Gesetze unseres Sprachsystems – seine Logik, die Formen der Denotation und Sinnproduktion – auf radikale Weise untergraben, wird die scheinbar feststehende Bedeutung eines Satzes wie »Üb' immer Treu und Redlichkeit« plötzlich unsicher, fragwürdig und wandelbar.

13 Vgl. Julia Kristeva: Die Revolution der poetischen Sprache, Frankfurt/M. 1978, S. 221–222.

Oder anders ausgedrückt: Die anagrammatische De- und Rekombination der Zeichen wirkt der »hierarchischen, Abhängigkeit implizierenden«[14] Macht des Satzes entgegen. Roland Barthes schreibt mit Bezug auf Kristevas Überlegungen zur Struktur von Aussagesätzen:

> »Der Satz ist abgeschlossen; er ist sogar ganz genau: jene Sprache, die abgeschlossen ist. Darin unterscheidet sich die Praxis von der Theorie. Die Theorie (Chomsky) sagt, daß der Satz theoretisch unendlich ist (unendlich katalysierbar), aber die Praxis zwingt dazu, den Satz stets zu beenden. ›Jede ideologische Aktivität präsentiert sich in der Form kompositionell abgeschlossener Aussagen.‹ Nehmen wir auch diese Behauptung Kristevas in ihrer Umkehrung: jede abgeschlossene Aussage läuft Gefahr, ideologisch zu sein.«[15]

Viktor Klemperer hat den Zynismus, der darin liegt, daß gerade das Terrorregime der Nationalsozialisten diesen so unglaublich harmlos klingenden Satzes »Üb' immer Treu und Redlichkeit« für seine Zwecke benutzt und eingesetzt hat, in seinem Buch »LTI«, das den Sprachgebrauch der Nationalsozialisten einer eingehenden Untersuchung unterzieht, treffend hervorgehoben. Er schreibt:

> »Merkwürdige Fühllosigkeit der Nazis gegen satirische Komik, der sie sich selbst aussetzen: man möchte bisweilen wirklich an ihre subjektive Unschuld glauben! ›Üb' immer Treu und Redlichkeit‹ haben sie zu ihrem Berliner Rundfunkzeichen gemacht [...].«[16]

Zürn setzt der Vereinnahmung, die der Satz »Üb' immer Treu und Redlichkeit« im Sprachgebrauch des Nationalsozialismus erfahren hat, die anagrammatische Befragung entgegen, bricht seine Abgeschlossenheit auf, läßt ihn vielstimmig und tatsächlich potentiell unendlich werden.

14 Roland Barthes, Die Lust am Text, Frankfurt/M. 1992, S. 75.
15 Ebd.
16 Victor Klemperer: LTI, Leipzig 1996, 14. Auflage, S. 49–50.

Der aufgezeigte Zusammenhang wirft schließlich folgende Frage auf: War das Suchen und Finden von Anagrammen für Zürn in einigen Fällen nicht doch etwas anderes und sehr viel mehr als nur – wie in der Forschungsliteratur durchweg angenommen – eine Art *persönliches* Orakel?[17] Steckte nicht vielleicht in manchen Fällen auch der Wunsch dahinter, bestimmte Sätze zu »entschärfen«, zu öffnen und umzudeuten? Die Beobachtungen Victor Klemperers haben ihn zu der Einsicht geführt, daß:

> »der Nazismus in Fleisch und Blut der Menge [glitt] durch die Einzelworte und Redewendungen, die Satzformen, die er ihr in millionenfachen Wiederholungen aufzwang und die mechanisch und unbewußt übernommen wurden. [...] Man sollte viele Worte des nazistischen Sprachgebrauchs für lange Zeit, und einige für immer, ins Massengrab legen.«[18]

Wenn Unica Zürn den Satz »Üb' immer Treu und Redlichkeit« auch nicht ins »Massengrab« gelegt hat, so hat sie doch meines Erachtens mit der Praxis des Anagrammierens in diesem Fall etwas Vergleichbares versucht. Es erscheint wie der Versuch, den Bann, die »Beschwörung«, die Klemperer beschreibt, aufzuheben, indem man eine neue, ungewohnte, völlig anders geartete Möglichkeit sprachlicher Transformation entgegensetzt.

4.2. *Spuren des »Berliner Surrealismus« in den Arbeiten Unica Zürns*

Die vielen Fassungen von Unica Zürns Lebenslauf enthalten *ein* beharrlich wiederkehrendes Motiv: Sie stimmen darin überein, die Zeit bis zu ihrer Scheidung von Erich Laupenmühlen im Jahre 1949 *ausführlich* zu

17 Auch die häufige Verwendung von an sich bedeutungslos klingenden Redewendungen und Sprichwörtern als Ausgangszeilen für Anagramme spricht meines Erachtens gegen die verbreitete Ansicht, daß es sich bei den Anagrammen fast ausschließlich um persönliche Orakel handelt. Auf diesen Punkt komme ich in Kap. 7.4 ausführlicher zu sprechen. Vgl. S. 151 ff.

18 Klemperer (1996), S. 21–22.

kommentieren, um dann eilig – ja fast ungeduldig – das Jahr 1953 anzuvisieren, den Moment der schicksalhaften Begegnung mit Hans Bellmer, den »Triangulationspunkt ihres Lebens.«[19]

Im Anschluß an diese Begegnung, so wird betont, ändert »sie ihren Vornamen«[20], und in ihrem Personalausweis wird in der Spalte Beruf das Wort »Schriftstellerin« nachgetragen.[21] Sie erhält eine neue Existenz. Die Jahre dazwischen passen fast immer in ein oder zwei Zeilen, manchmal verschwinden sie auch in einer Leerzeile.

Das Jugendbuch »Katrin, die Geschichte einer kleinen Schriftstellerin«[22] und die in diesen Jahren entstandenen Kurzgeschichten[23] werden (wenn sie erwähnt werden) dem Vorwurf der mangelnden Qualität, des Feuilletonistischen, des Unvollendeten und vor allem der Naivität ausgesetzt.

Rührt die Abwertung nun daher, daß man in diesen Arbeiten unbedingt die noch unsicheren Anfänge, ein noch unselbständiges »Frühwerk« der Künstlerin, bestätigt sehen will?

Petra Höhne stellte demgegenüber fest:

> »Die Prosatexte der Gesamtausgabe belegen auf *verblüffende* Weise, daß die gleichen Ideen und Motive auch schon in den Zeitungsgeschichten verwendet werden [...] Die Lektüre dieser Texte ist am Anfang *irritierend*, weil sie so schön, so einfach, so märchenhaft, aber auch so *›überlebt‹* erscheint.« [Hervorh. H. L.][24]

An anderer Stelle werde ich ausführlicher zeigen, daß die späteren Arbeiten tatsächlich auf vielfältige Weise mit den Kurzgeschichten verknüpft und verwoben bleiben. (Vgl. Kap. 7.1)

19 Georges Schlocker: »Tausend Zaubereien«, in: Die Presse, Nr. 10, 5./6. Dezember 1981.

20 Rakusa (1989).

21 Vgl. Krechel (1992).

22 GA 3, S. 67–211. Die Geschichte, die vermutlich 1953 entstand, blieb zu Lebzeiten unveröffentlicht.

23 GA 2 und GA 3.

24 Petra Höhne: »Leben als Kryptogramm«, in: »Frankfurter Rundschau«, 9. Juni 1990, ZB.

Aber auch mit der Ansicht, daß die Texte »überlebt« erscheinen, hat die Autorin auf ein zutreffendes und in diesem Zusammenhang zuwenig reflektiertes Phänomen hingewiesen. Der Eindruck entsteht meines Erachtens, weil *das*, was ursprünglich mit dieser »naiven« Sicht auf die Dinge *bewirkt* werden sollte (und wohl auch bewirkt worden ist), aus heutiger Perspektive nicht mehr sichtbar und vor allem kaum mehr nachvollziehbar erscheint:

Wenn die Geschichten Zürns in ganz ähnlicher Weise wie die Darbietungen des Künstlerkabaretts »Die Badewanne«[25] oder die »fantastischen«[26] Arbeiten eines Alexander Camaro oder Werner Heldt Vorstellungen und Ideen durch eine parabelhafte, phantastische *Gegenwelt* der Clownerie, des Vagabundentums, der TänzerInnen und Träumer darstellt, so waren diese Arbeiten doch keineswegs nur als wirklichkeitsferne Träumereien gemeint. Bis heute ist fast unbeachtet geblieben, daß in Deutschland vor der Währungsreform ein Stil entstand, der mit der Bezeichnung Surrealismus kaum treffend beschrieben ist. Die Logik des Absurden, die dem französischen Surrealismus abgeguckt war, erschien den Künstlern angesichts des politischen Desasters, das sie umgab, merkwürdig realistisch. Der deutsche Surrealismus war künstlerischer Stil, zugleich aber Ausdruck einer politischen Haltung.

25 Unica Zürn gelangte über die Beziehung zu Alexander Camaro und Werner Heldt zum Kreis der »Badewanne«. Dem Künstlerkabarett, das Elisabeth Lenk treffend als eine »letzte späte Blüte des Berliner Surrealismus« bezeichnet hat, war nur eine äußerst kurze Lebensdauer beschieden. Im Juli 1949 feierte man Premiere, und bereits im Februar des darauffolgenden Jahres fand, bedingt durch widrige äußere Umstände, die letzte Aufführung statt. Vgl. hierzu die Ausführungen von Elisabeth Lenk: »Die Badewanne. Ein Künstlerkabarett der frühen Nachkriegszeit«, Berlin 1991, aber auch Unica Zürns eigene Ausführungen in: »Die Begegnung mit Hans Bellmer«, GA 5, S. 111 ff.

26 Die Begriffe surrealistisch, fantastisch, surprarealistisch werden in diesem Kontext kaum voneinander abgegrenzt. Der Begriff »fantastisch« wird jedoch vorzugsweise verwendet »als summarischer Ausdruck für alle Kunstformen [...], die [...] mehr oder weniger treffend als Kubismus, Expressionismus, abstrakte Kunst, Surrealismus bezeichnet wurden [...] unabhängig davon, welcher speziellen ›Richtung‹ sich der einzelne Künstler zugehörig fühlte«. Vgl. Markus Krause: Galerie Gerd Rosen. Die Avantgarde in Berlin 1945–50, Berlin 1995, S. 19.

Die Kunst sollte aufrütteln, sollte auf die tiefe Kluft hinweisen, die sich zwischen der in Trümmern liegenden Wirklichkeit und dem erträumten Ideal einer humanisierten Welt aufgetan hatte.[27]

> »›Die Fantasmen sind nicht Flucht, sondern Angriff‹, schreibt Hannah Höch 1946 anläßlich der Fantasten Ausstellung. »Sie [die fantastische Kunst, Anmerkung H. L.] geht der Realität zu Leibe mit einer Rigorosität wie in keiner Zeit zuvor und stellt sie dem Ideal gegenüber. Spiegel und Mahner zu sein – das erregt immer Ärgernis, aber das muß in Kauf genommen werden.«[28]

Bei dem »kindlichen«, »naiven« Blick auf die Welt handelt es sich um den Versuch, »der eingeschworenen Grabesdüsternis« und dem »bitteren Realismus« zu entgehen, dessen Aufkommen der Schriftsteller Ernst Kreuder bereits 1945 diagnostiziert und kritisiert hatte und mit dem auch Zürn, wie eine stilistisch ungewöhnliche Textstelle dokumentiert, experimentiert hat.[29]

27 Eberhard Roters umschreibt dies mit den Worten: »Schaut man zurück, so erweist sich, daß die deutsche Kunst westlicher Orientierung nicht, wie manchmal angenommen wird, sofort mit dem Stil des abstrakten Expressionismus einsetzte, sondern daß in der Zeit vor der Währungsreform ein in Deutschland neuer Stil entstand, der, eine spezifisch deutsche Abart der fantastischen Kunst.[...]Die Künstler stellten 1948 [...] unter dem Titel ›Zone 5‹ aus, einem Namen, der gewählt wurde, um in ironischer Überhöhung den gleichweiten Abstand von der Politik aller vier Besatzungszonen zu demonstrieren, dies aber nicht aus dem Gefühl nationalistischer Gesinnung, sondern aus dem Empfinden einer Chance [...], nämlich, das Nichts, das man in der Hand hat, ins Positive einer Freiheit zu kehren, die zwischen den allmählich erstarrten Blöcken gewissermaßen als Beweis einer Gegenmöglichkeit angesiedelt war. Ähnlichen Beweggründen folgten die Soirées des 1949/50 in dem Lokal ›Badewanne‹ veranstalteten Kabaretts [...]« Vgl. die Ausführungen von Eberhard Roters zum Thema »Bildende Kunst« in: Als der Krieg zu Ende war. Kunst in Deutschland 1945–50, Akademie der Künste Berlin 1975, S. 9–10.

28 Hanna Höch, in: Katalog zur »Fantasten Ausstellung« im Februar 1946, in: Eckhard Gillen, Diether Schmidt (Hrsg.): Zone 5. Kunst in der Viersektorenstadt 1945–1951, Berlinische Galerie, Berlin 1989, S. 172.

29 Ernst Kreuder an Horst Lange am 14.11.1945. In: Jan Bürger, Nachwort zu Ernst Kreuder »Die Gesellschaft vom Dachboden«, Hamburg 1997, S. 173. Eine Stelle aus Unica Zürns Text »Kinderlesebuch« verrät, daß ihr der »bittere

Der Bezug Zürns zum Berliner Surrealismus (diese als Leerstelle fungierende Phase *zwischen* den Bezugssignifikanten Erich Laupenmühlen und Hans Bellmer) erweist sich meines Erachtens vor allem hinsichtlich des für die künstlerische Praxis Zürns so charakteristischen *Zirkulierens zwischen verschieden Medien und Ausdrucksformen* als aufschlußreich. Es scheint, daß das *transformatorische Spiel mit den Grenzen, der scheinbar unendliche Verwandlungsprozeß der Formen* (von Schrift in Zeichnung, von Zeichnung in Anagramm, von Anagramm in Text und so fort) in diesem Kontext erste Impulse erfuhr.

Aus der von Elisabeth Lenk zusammengestellten »Textcollage nach Selbstzeugnissen« der »Badewannen-Künstler geht die Bedeutung, die man dem transformatorischen Element beimaß, deutlich hervor. In den Kommentaren der Beteiligten heißt es:

> »Prinzip ist die grundsätzliche Gleichberechtigung aller Ausdrucksformen: Inszenierung, Optik, Pantomime, Geräusch und Text. Das Verfahren des poetischen Bildes wird aus dem Bereich der Sprache in Figuren, Gegenstände und Aktionen *übersetzt.*« (Johannes Hübner)
> »Wir hatten ein Raumbild, das nach dem Bild eines Malers gestaltet wurde, dreidimensional [...]« (Katja Meirowsky)
> »Wir haben das in einer anderen Weise gemeint wie der klassische Surrealismus. Wir haben das auf eine sehr deutsche Art gemeint. Ungelesener deutscher Idealismus. Wir wollten den Bruch der Kausalität. Auflösung der bestimmten Zusammenhänge. *Das Unbestimmte als das Bestimmende* [...]« (Theo Goldberg)

Realismus«, von dem hier die Rede ist, durchaus nicht unbekannt war. Dort heißt es: »Nach dem Krieg schrieb sie einige Sätze über ein zerstörtes Haus.« Und im folgenden zitiert sie die stilistisch höchst ungewöhnliche, stilistisch geradezu »aus dem Rahmen fallende« Stelle: »Aus den Fensterhöhlen hängt die Angst ihre schwarzen Fahnen heraus, fault im Regen, fällt in Klumpen von Ruß von den brennenden Dächern herab. Schreckensgesichter, verblödet vom Grauen – sie hören alle dem Rauschen zu, aus allen Häusern verströmt das Leben der Stadt aus zerbrochenen Röhren und deutlicher wird das Gerippe am Morgen im Rauch des Tages, der unter Bränden begraben bleibt [...]« (Vgl. GA 5, S. 71.)

> »Wir malten oder schrieben surrealistisch und beschäftigten uns mit Kafka, also lag das sozusagen auf der Straße. [...] Es ist wie beim Bildermalen. Im Grunde entstehen die meisten Bilder wieder aus anderen Bildern. Durch die assoziative Tätigkeit. *Eine Nebenfigur wird zur Haupfigur, eine Grundsituation bleibt, bis die Geschichte schließlich* [...] *durch eine andere überlagert wird*; und jetzt kommt wieder eine neue. [...] Das Dialektische ist wirklich dieses miteinander *Verschachtelte.*« (Wolfgang Frankenstein)[30] [Hervorhebungen H. L.]

Wenn es auch schwierig ist, die Besonderheiten einer auf spontane Kommunikation zwischen Darbietenden und Publikum bauende Kunstform wie der dieses Nachkriegskabaretts nachträglich zu rekonstruieren[31], so zeichnet sich doch ab, daß gerade die spielerischen, an traditionelle Formen des Ausdrucks anknüpfenden und sie *überschreitenden* Praktiken – wie etwa die Verwandlungen einer Begebenheit aus »Ein gewisser Plume« von Henri Michaux in einen gespielten Sketch oder die Metamorphose eines gemalten Bildes von Picasso oder Miró in einen realen Tanz – als besonderes Charakteristikum der Darbietungen gelten können.[32]

30 Nach Aussagen von Johannes Hübner, Katja Meirowsky, Wolfgang Frankenstein u.a., vgl. Lenk (1991), S. 18–22.

31 Die von Elisabeth Lenk zusammengestellte Dokumentation trägt diesem Problem Rechnung. Den AutorInnen ist nicht nur bewußt, daß sich die »Fakten« in der Erinnerung verschoben haben, sie haben sogar ganz bewußt versucht, die »Vielstimmigkeit der Erinnerungen zu respektieren« und »die Widersprüche nicht zu glätten«. Vgl. Lenk (1991), S. 8.

32 Es wäre tatsächlich falsch, wollte man die künstlerischen Tendenzen der ersten Nachkriegsjahre in einen allzu engen Bezug zum »klassischen« französischen Surrealismus der Vorkriegszeit stellen. Die Zeitschrift »Athena« oder die noch erhaltenen Programme der »Badewanne« zeigen zwar einerseits, daß die Rezeption der Texte Bretons, Lautréamonts, Michaux', Eluards etc. viel Raum einnahm und durchaus bestimmend war. Die Art und Weise jedoch, wie diese Arbeiten verstanden, verwendet und aufgegriffen wurden, hat mit den Ideen des französischen Surrealismus schließlich oft nicht mehr viel zu tun. Johannes Hübner schreibt rückblickend in einem Brief an Hans Thiemann: »Natürlich war der damals praktizierte und von Trökes theoretisch ausgeführte Surrealismus in vielem ein Mißverständnis aus Unkenntnis. [...] aber vielleicht doch

Unica Zürn beschreibt in ihrem Text »Die Begegnung mit Hans Bellmer« ihre Vorliebe für die von Alexander Camaro und Johannes Laabs dargestellten Pantomimen: »der kleine Clown, der Mann, der sich nicht entschließen kann auszugehen, und das Duell« gehören für sie zu den »schönsten Nummern«[33]. und im folgenden beschreibt sie die erste Pantomime mit den Worten:

> »Der Clown in lächerlich weiten Kleidern und der großen roten Nase im weißgepuderten Gesicht, trägt ein künstliches Ei in der Hand, das er am Boden zu zerbrechen versucht und dann gegen die Stirn schlägt. Vergeblich. Er nimmt aus der Tasche ein wirkliches Ei, das er in der Hand zerdrückt. Der Inhalt fließt in seine weiten Ärmel. Ein schmerzlich-erstaunter Ausdruck auf seinen Zügen. Er holt einen langen Strick aus der Tasche, legt ihn auf den Boden und balanciert darauf mit ausgebreiteten Armen wie ein Seiltänzer, hoch in den Lüften, über den Köpfen der Zuschauer. Unendlich traurig, bleich, schön und anmutig legt er den Strick in einer Schlinge um den Hals, zieht sie zusammen, neigt wie ein erstickender Vogel den Kopf zur Seite und schließt langsam zum letzten Mal die Augen. Die Bühne wird dunkel. Die Szene ist so schön, daß das Publikum in Schweigen versinkt.«[34]

Etwas später erwähnt sie, daß sie über diese Pantomimen in Berliner Zeitungen geschrieben hat. In der Chronologie sämtlicher in den Jahren von 1949 bis 1955 veröffentlichter Zeitungsgeschichten[35] sucht man jedoch vergeblich nach Geschichten, die sich durch Titel oder Inhalt *explizit* auf die erwähnten Kabarettnummern beziehen oder der zitierten Beschreibung gleichen.

das, was man ein ›schöpferisches Mißverständnis‹ nennt; ich will sagen, in der weithin irrigen Meinung, Surrealismus zu machen, machte man etwas sehr lebendiges, das auf den historischen Augenblick und seine Atmosphäre aufs genaueste und treffendste reagierte.« Johannes Hübner an Hans Thiemann [10.10.1975], in: Lenk (1991), S. 31.

33 GA 5, S. 111.

34 GA 5, S. 112.

35 Vgl. GA 2 und 3.

An die »künstlerischen Prinzipien« der »Badewanne« anknüpfend, hat Unica Zürn das Gesehene und Gehörte weitergeträumt und zu einer anderen Geschichte werden lassen. Oder anders ausgedrückt: Das, was Zürn als *darüber* schreiben bezeichnet, ist vielmehr eine Geste des *Umschreibens und Weiter-schreibens*.

Oftmals sind es nur Details des Gesehenen, die zu einer neuen, eigenständigen Geschichte ausgesponnen werden. So taucht in der Kurzgeschichte, die am 15. Juli 1949 – und damit nur wenige Tage nach der Erstaufführung der Pantomime[36] – im »Telegraf« erscheint, nur die *große, rote Nase des Clowns* wieder auf, um als Ausgangspunkt für eine verträumt-verspielte Geschichte zu dienen.

Unter dem Titel »Die schönste Leuchtnase« erzählt Zürn die absurde Geschichte vom Clown Pipolo und seiner riesigen roten elektrischen Nase, die er nach Belieben aufleuchten lassen kann. Da der Clown die Nase jedoch nach dem täglichen Applaus immer achtlos in den Kleiderschrank wirft, wird diese immer trauriger, je fröhlicher die anderen werden:

> »Die Leuchtnase lag erbittert und grübelnd die ganze Nacht wach. Und in dieser Nacht faßte sie einen wilden Entschluß. Am nächsten Abend begann die Vorstellung. Pipo trat auf – er torkelte, spielte den Betrunkenen, und als die Lichter im Zirkus erloschen und Pipo unendlich komisch, artistisch und halsbrecherisch sich seinen Heimweg suchte – als es immer dunkler wurde und nun der Zeitpunkt gekommen war, wo die Nase dem Trunkenen den Weg zeigen sollte, zog Pipolo schon das drittemal verzweifelt an der Schnur und knipste und knipste – umsonst! Die Leuchtnase flackerte einmal wie zum Hohn auf – und verlosch. Die Menschen, die auf die Nasennummer schon gewartet hatten, lachten und rasten über die dunkle Nase und meinten, es wäre ein neuer Witz des köstlichen Clowns [...] Später kam der Direktor in seine Garderobe und küßte ihn auf beide Wangen:

36 »Der kleine Clown« ist Teil des ersten Programms, das zuerst am 2. Juli 1949 aufgeführt wurde und am 9. und 16. Juli wiederholt wurde. Vgl. Lenk (1991), S. 173. Die von Zürn verfaßte Kurzgeschichte ist in GA 2, S. 7–8 abgedruckt.

›Prachtvoll Monsieur Pipo – eine Leuchtnase, die nicht leuchten will – hahahaha! [...] das ist Philosophie, das ist tragische Komik, das ist der Stil, den ich liebe!‹ Pipo aber nahm zärtlich die Leuchtnase in die Hand: ›Wenn ich Dich nicht hätte, liebste, schönste Nase der Welt‹ [...] Von nun an wurde die Nase in höchsten Ehren gehalten, bekam ein samtbespanntes Kästchen als Wohnung und war nun sehr vornehm.«[37]

Es ist aus heutiger Perspektive kaum möglich, diese Geschichten zu lesen (oder *schlimmer* noch: im Rahmen einer wissenschaftlichen Arbeit zu zitieren), ohne ein Gefühl des *Unbehagens* und der *Abwehr* zu entwickeln. Eine elektrische rote Leuchtnase zum Zentrum bzw. zur Hauptfigur eines Textes zu erheben, erscheint so lächerlich, daß es den Vorwurf der Banalität geradezu herausfordert.

Das betont Kindliche, Simple, Banale dieser Geschichten erscheint aus heutiger Perspektive provokant, weil es sich unserem Bedürfnis nach Bedeutung und Tiefsinnigkeit verwehrt. Daß die Märchenhaftigkeit und Traumhaftigkeit in den ersten Jahren nach dem Zweiten Weltkrieg eine vergleichbare Wirkung hervorgerufen haben, geht aus zeitgenössischen Quellen unmißverständlich hervor. Allerdings war diese Wirkung damals ganz anders motiviert. So schwer es aus heutiger Warte nachzuvollziehen ist: die surrealistischen Tendenzen der ersten Nachkriegsjahre wurde als *politisch provokant* empfunden. Man witterte in ihnen tatsächlich ein bedrohliches, anarchistisches Potential.[38]

In dem Maße, in dem Prosatexte Zürns in den späten fünfziger Jahren im Aufbau komplexer, vielschichtiger und im Ton variabler werden, ver-

37 GA 2, S. 7–8.

38 Heinz Lüdecke schreibt 1947 in der Zeitschrift »Bildende Kunst« den erbosten Kommentar: »Wenn es den Surrealisten nicht gelingt, ein bloßer Registrierapparat des Unterbewußten zu sein, so halten sie das doch für den Idealzustand. Sie [...] verneinen aggressiv die Rolle des Bewußtseins. [...] die Freiheit, die sie meinen, ist Anarchie.« Heinz Lüdecke: »Die Bezüglichkeit des Beziehungslosen«, in: Bildende Kunst, Jg. 1 (1947), Heft 7, S. 10 f. Vgl. hierzu auch: Jost Hermand: »Freiheit im Kalten Krieg. Zum Siegeszug der abstrakten Malerei in Westdeutschland«, in: Ekkehard Mai u. a. (Hrsg.), 45 und die Folgen. Kunstgeschichte eines Wiederbeginns, Köln/Weimar/Berlin 1991, S. 135–163.

ändert sich auch der Stellenwert und das Erscheinungsbild der »Erinnerungssplitter«, die aus der Zeit des »Berliner Surrealismus« herrühren.

In der 1965/66 entstandenen Erzählung »Der Mann im Jasmin. Eindrücke einer Geisteskrankheit« gerät die Figur der Erzählerin während eines Aufenthaltes in Berlin in einen Zustand geistiger Verwirrung.[39] In einem Anflug von Einsamkeit und Hilflosigkeit macht »sie« den verzweifelten Versuch, die »Gesellschaft vom Dachboden« zu finden. Sie schreibt:

> »Angezogen von dieser düsteren Einsamkeit hier, verteilt sie auf diesem Platz sechs von ihren weißen Papiertaschentüchern, als wollte sie hier bestimmte Zeichen für jemanden hinterlassen, der nach ihr kommen wird, um sich bei dem Anblick dieser weißen Spuren von ihrer Passage zu überzeugen.[[40]] Auch das ist wie ein Spiel. Und sie setzt das Spiel fort, indem sie sich auf die Suche nach »der Gesellschaft vom Dachboden« macht. Irgendwo müssen sie zu finden sein, diese Personen aus dem Roman von Ernst Kreuder, den sie gelesen, und die, um ihr eine Freude zu machen, zum wirklichen Leben erwacht sind – davon ist sie fest überzeugt. Sie geht in verschiedene Häuser hinein, um jedesmal bis zum Dachboden hinaufzusteigen. Manche Türen dort oben sind verschlossen. Eine einzige ist geöffnet. Sie findet Kisten und alte Möbel – den ganzen Kram, den die Mieter eines Hauses dort oben hinstellen. Sie blickt in jede Kammer hinein. Sie glaubt, in jedem Augenblick diesen Gestalten aus dem Roman zu begegnen. Sie findet keinen Menschen und steigt wieder hinunter auf die Straße. Hätten sie sich vielleicht zum Spaß in dem Keller ver-

39 Zweifellos weist dieser Text autobiographische *Züge* auf. Aber bereits in der Tatsache, daß die Protagonistin des Textes aus der Perspektive der dritten Person berichtet, läßt eine Distanzierungsbewegung erkennen, in der dieser Bezug eine Brechung erfährt.

40 Es liegt nahe anzunehmen, daß sich die sechs Taschentücher auf die sechs Mitglieder der Gesellschaft vom Dachboden beziehen. Indem die sechs Mitglieder den »Bund der *Sieben*« gründen, wird die LeserIn mit eingeschlossen. Kündigt die Ich-Erzählerin den Bund wieder auf, indem sie ihr siebtes Taschentuch in den Ofen wirft?

steckt? Sie steigt eine dunkle, schmutzige Treppe hinunter und steht einem großen heißen Ofen gegenüber. Sie öffnet die Ofentüre und blickt ins Feuer. Mit einem Schluchzen wirft sie ein weißes Papiertaschentuch in die rote Glut und läuft hinaus auf die Straße. Jetzt fühlt sie sich sehr verlassen.«[41]

Es ist nicht zufällig die »Gesellschaft vom Dachboden«, die im »Mann im Jasmin« so verzweifelt gesucht wird.

Die Protagonisten aus dem 1946 veröffentlichten Roman von Ernst Kreuder[42] leben auf dem alten Dachboden eines Warenhauses zwischen dem Gerümpel, das die Zeit dort angeschwemmt hat, und jenseits von den alltäglichen Zwängen der Wirklichkeit. An diesem abseitigen, verwunschenen Ort träumen sie die Utopie von einer anderen Welt, von einem Leben in der Phantasie. Der Text postuliert:

»Jeder muß sein eigener Phantast werden! Statt Romane aus der Leihbibliothek zu lesen oder ins Kino zu gehen, um danach nur um so unzufriedener in den Alltag zu taumeln, müssen wir sie [die Menschen, Anm. H. L.] zwingen, selbst Romane zu leben und den Alltag in Abenteuer zu verwandeln. Ich predige keine Flucht vor dem Alltag, weder vorwärts noch rückwärts, sondern ich rufe ihnen von hier oben aus zu: »Wacht auf! Reißt die Brand-

41 GA 4.1, S. 172.

42 Bei dem nach fünfzig Jahren völliger Vergessenheit 1997 neu aufgelegten Roman handelt es sich um einen vielgelesenen Roman der deutschen Nachkriegsliteratur. Alfred Andersch sah in diesem Buch die »Hoffnung der jungen deutschen Literatur nach dem Krieg« repräsentiert (vgl. Kindlers Neues Literatur Lexikon, Hrsg. v. Walter Jens, Bd. 9, München 1990, S. 765). Aber die Begeisterung für den von Kreuder formulierten träumerisch-phantastischen Weg konnte ebensowenig überdauern wie die surrealistischen Tendenzen in der Malerei und der schwarze Humor des Kabaretts »Die Badewanne«. Jan Bürger schreibt: »Nach der Währungsreform geriet er [Kreuder] mit […] seiner radikalen Ablehnung der zweckrationalen Arbeitsgesellschaft ins Abseits. Sein Appell ›Macht die Augen auf und träumt!‹, der in der unmittelbaren Nachkriegszeit noch einem Bedürfnis nach Trost entgegenkam, stieß zunehmend auf taube Ohren.« Jan Bürger: Nachwort zu: Ernst Kreuder, »Die Gesellschaft vom Dachboden«, Hamburg 1997, S. 171.

> mauern eurer Gewohnheit nieder! Macht die Augen auf und träumt! Der Traum erwartet euch. Das Wunderbare wird durch euch geschehen!«[43]

Der Roman »Die Gesellschaft vom Dachboden«, bei dem es sich um einen der ersten Publikumserfolge der Nachkriegszeit handelt, liest sich rückblickend wie das »theoretische Programm« der bis heute kaum beachteten surrealen Tendenzen der ersten Nachkriegsjahre.[44] Heftig wird gegen den »falschen Tiefsinn«, die »brunnentiefe Moral« und den »chininbitteren Realismus« der Zeit gewettert. Um dagegen anzugehen, gründen die sechs Figuren des Romans den »Bund der Sieben« und schreiben die sieben Ideale *Aufrichtigkeit, Anhänglichkeit, Beharrlichkeit, Barmherzigkeit, Überschwenglichkeit, Friedfertigkeit* und *Wandelbarkeit* auf ihre Fahnen.

Der »Geheimbund« wie auch die verschiedenen »Proben«, die das zuletzt hinzugekommene Mitglied (das zugleich der Ich-Erzähler ist) zu bestehen hat, wirken wie eine eigenwillige Mischung aus Traum, Märchen und Kinderspiel: So muß beispielsweise das Mädchen Clothilde aus der strengen Obhut ihrer Mutter gerettet werden. An anderer Stelle gilt es, die strengen Fragen des sonderbaren Einsiedlers vom »Alten Wehr« richtig zu beantworten, der einen Schatz hütet etc.

Was man sucht, ist das Ungewisse, denn dort – so Kreuder –

> »beginnt das wahre Wirkliche, im Land der Drachen und Zwerge. Als Kinder wußten wir das, ohne es zu verstehen. Erst als wir die Fähigkeit, Unvernünftiges zu tun, verloren, haben wir auch die wahre, die unwirkliche Wirklichkeit verloren.«[45]

43 Ebd., S. 27.

44 Bereits Eckhard Gillen stellte fest, daß sich die von den sechs Hauptfiguren der »Gesellschaft vom Dachboden« vermittelten Vorstellungen fast nahtlos mit den künstlerischen Idealen und Zielen der sogenannten »Berliner Surrealisten« deckt. Dem Zusammenhang ist bislang meines Wissens noch nie genauer nachgegangen worden. Vgl. Eckehard Gillen: »Mit den vier Besatzungsmächten wollten wir nichts zu tun haben.« in: Eckhard Gillen, Diether Schmidt (Hrsg.), Zone 5. Kunst in der Viersektorenstadt 1945–51, Berlinische Galerie 1989, S. 14.

45 Kreuder (1997), S. 38–39.

In einer für die künstlerische Praxis Zürns charakteristischen Weise führt die im Text beschriebene Suche nach der »Gesellschaft auf dem Dachboden« das Verwirrspiel von Realität und Fiktion, Autobiographischem und Fiktivem auf eigenwillige Weise fort. Die autobiographische Züge tragende Schilderung aus »Der Mann im Jasmin« geht fast unmerklich in den von Kreuder entworfenen fiktiven Entwurf über, stellt sich in nahtlosen Einklang mit den Gesetzen der fiktiven Welt von »Die Gesellschaft vom Dachboden«. Die ErzählerInnenfigur aus »Der Mann im Jasmin« knüpft an eine Form der »wunderbaren Begegnung« an, die in Kreuders Roman als *mögliche* und als einzig »wirkliche« beschrieben wird. In einem von Zürn zunehmend praktizierten Verfahren werden zwei fiktive Entwürfe übereinander- oder ineinandergeblendet, nimmt die eine Fiktion die andere in sich auf.

5. Die Zeichnungen Zürns im Kontext der Pariser Kunstszene der fünfziger Jahre

5.1. Unica Zürn und der späte Surrealismus

Im Jahr 1953 verläßt Unica Zürn Berlin und geht zusammen mit Hans Bellmer nach Paris. Wenn sie auch weiterhin Kurzgeschichten für Berliner Zeitschriften schreibt[1], so verlagern sich die Schwerpunkte ihres künstlerischen Schaffens doch zunehmend: Neben dem »Finden und Suchen« von Anagrammen, das sie mit großer Leidenschaft betreibt und das sich fast bis zum Ende ihres kurzen Lebens, gleichsam wie ein roter Faden, durch ihr künstlerisches Schaffen zieht,[2] wendet sie sich in Paris zum ersten Mal intensiv dem Malen und Zeichnen zu.

> »Ich bin glücklich mit meiner Zeichnerei«, heißt es in einem Brief vom März 1956, »ich empfinde es als eine wahre Wohltat – das Schreiben habe ich so gut wie aufgegeben – neulich kam mir eine Idee für ein kleines seltsames Büchlein – aber dazu wollte ich in einem grünen dichten Garten sitzen und müßte mich in meine Kinderzeit zurückträumen – dazu ist keine Zeit und keine Gelegenheit und darum wird es auf spätere Zeiten verschoben, was kein Unglück ist.«[3]

1 Der vom Verlag Brinkmann und Bose erstellten Chronologie der Erstdrucke zufolge erschien die letzte Geschichte mit den Titel »Laß fahren dahin« am 16. Dezember 1955 im »Telegraf«.

2 In dem Text »Die Begegnung mit Hans Bellmer« findet sich folgende Stelle: »[...] er [Bellmer, Anmerkung H. L.] spricht zum ersten mal von den Anagrammen und zeigt ihr, wie diese künstlichen, ganz neuen Wortgebilde gemacht werden. [...] Die Anagramme werden zur reinen Manie. Sie übt sich in dieser Kunst bis zum heutigen Tage.« Vgl. GA 5, S. 138–139.

3 GA 4.2, S. 496.

Erste Schritte im Zeichnen und Malen hatte sie nach eigener Aussage jedoch bereits in ihrer Berliner Zeit unternommen, wie aus dem Text »Die Begegnung mit Hans Bellmer« hervorgeht:

> »Der Freund und Maler Alexander Camaro – ein liebenswerter Zigeuner, wie ihn Werner Heldt nannte, schenkte ihr einen Tuschkasten und große Bogen weißes Papier. [...] Ihre ersten Produkte sind hastig und unsauber hingeschmierte Bilder, die dem Berliner Kunsthändler und Freund Rudolf Springer komische Schreckenslaute entlocken. Als er merkt, daß sie in Geldnot ist, kauft er ihr ein Blatt ab, das sie als ihr Selbstportrait bezeichnet: ein graziöses Tier mit langen Haaren, langen Ohren und einem langen Hals.«[4]

Besagtes Blatt, das vermutlich um 1950 herum entstanden ist, befindet sich auch heute noch im Besitz der Galerie Rudolf Springer und vermag selbigem beim Betrachten tatsächlich noch immer »komische Schreckenslaute« des Entsetzens zu entlocken.[5] Und in der Tat ist die Darstellung des gazellenartigen Tiers, das auf teigigen Beinen vor einem roten Gitter und neben einem baumartigen Gebilde steht, von geradezu kurioser, kindlicher Ungelenkheit. »Die verzauberte Prinzessin« steht in der Handschrift Zürns darunter.

Vergnügt werden in dem Text »Die Begegnung mit Hans Bellmer« diese ersten, ernsthaften Erfahrungen mit dem noch vergleichsweise unvertrauten Medium der Malerei beschrieben.

> »Zuerst lernt sie, wie man den Malgrund vorbereitet. Die Palette mit den Farben erweckt einen wahren Rausch in ihr. Die Möglichkeiten sind ohne Zahl. Alles ist erlaubt. Die Phantasie beginnt mit ihr zu spielen. Sie ist ein wenig verwirrt. Ihr erstes Format ist klein. Sie beginnt, mit den Farben zu spielen. Etwas malen, das man unter einer neuen Schicht von Farben wieder verschwinden lassen kann, ist amüsant. Es ist ihre Chance, nicht nach der

4 GA 5, S. 109.

5 Ich beziehe mich auf ein Treffen mit Rudolf Springer vom 27. Juni 1995.

> Natur zeichnen zu können. Die Deformationen haben ihren Reiz. Malen, ein Thema, ohne vorbestimmte Absicht, erhöht die Spannung bei der Arbeit: man guckt sich selbst zu. Indem man sich selbst überrascht, überrascht man später die Anderen. Was sie malt, ist ein Tier, das sie noch nie gesehen hat, aber sie ist sicher, daß es irgendwo existiert.«[6]

Daß sie, wie sie sagt, »nicht nach der Natur zeichnen« kann begreift sie sehr schnell, der Text läßt aber zugleich keinen Zweifel darüber aufkommen, daß sie diesen Umstand keineswegs als Defizit, sondern als »ihre Chance«[7] begriffen und künstlerisch umzusetzen gewußt hat.

Als Hans Bellmer Zürn im Jahr 1953 während einer ihrer ersten Begegnungen beim eher zufälligen Vor-sich-hin-Kritzeln zuschaute, war er von ihrem zeichnerischen Talent spontan überzeugt. Jahre später, am 1. November 1961, beschreibt er diesen Moment in einem Brief an den Psychiater Dr. Ferdière mit den Worten:

> »L'ors d'une conversation décontractée après diner, chez ma mère, Unica griffonait distraitement (comme on griffonne en téléphonnant). Avec mon œil evidemment très exercé je voyais immédiatement un don remarquable de dessin automatique soutenant une ›melodie‹ graphique sans rupture. Je le lui fis remarquer: au bout de deux ou trois jours elle faisait, avec une plaisir intens, des dessins dont presque tous étaient de qualité. Elle avait depuis toujours le gout de l'art et de la peinture.«[8]

Aus diesen Sätzen geht folgendes hervor: Erstens die unverblümte Selbstverliebtheit, mit der Bellmer sein »geschultes Auge« und damit sein künstlerisches Urteilsvermögen in den Vordergrund spielt, sowie zweitens die Tatsache, daß er die Zeichnungen Zürns sofort und ohne Zögern dem surrealistischen Kontext des automatischen Zeichnens zuordnet.[9]

6 GA 5, S. 144.
7 GA 5, S. 144.
8 »Hans Bellmer Unica Zürn. Lettres au Docteur Ferdière«, réunies, annotées et presentées par Alan Chevrier, Sequier 1994, S. 64.

Letzteres, die von Bellmer vorgenommene Einordnung, bedarf meines Erachtens einer eingehenderen Untersuchung. Ist sie zutreffend? Erscheint sie auch aus heutiger Perspektive noch gleichermaßen zwingend und offensichtlich?

Ein Blick in Nachschlagewerke und literaturhistorische Forschungsbeiträge (solche, in denen der Versuch einer stilistischen »Zuordnung« unternommen wird) zeigt, daß Bellmers Kategorisierung dort einhellig übernommen und in keinem Fall in Frage gestellt wird.

Die Einordnung Zürns als surrealistische Künstlerin wird jedoch andererseits nicht weiter ausgeführt, differenzierter beschrieben oder mit Blick auf ihre Arbeiten begründet, sie ergibt sich für die AutorInnen schlicht daraus, daß Zürn, bedingt durch ihre Beziehung mit Hans Bellmer, mit vielen der in den fünfziger Jahren in Paris lebenden Surrealisten bekannt war. Im DuMont-Lexikon der »Künstlerinnen von Antike bis Gegenwart«, beispielsweise heißt es:

> »Durch Hans Bellmer wurde sie mit den Surrealisten bekannt und zum automatischen Schreiben und Zeichnen angehalten. Mehrere Gedichte, kurze Erzählungen und eine Vielzahl von Zeichnungen belegen ihre Auseinandersetzung mit Hans Bellmer und den Auffassungen der Surrealisten.«[10]

Stimmt dieses Bild? Und vor allem:

Was bedeutet es für die Rezeption ihrer Arbeiten, daß Zürn zu einer »Nadja«[11] stilisiert wird, »einer Nadja, die das Sprechen gelernt hat«[12]. Oder anders gefragt: Was gerät auf diese Weise aus dem Blickfeld?

9 Auch im Nachwort zu den »Hexentexten« nimmt Bellmer eine Verortung der Arbeiten Zürns im surrealistischen Automatismus-Konzept vor, dort jedoch, um seine eigenen Arbeiten am weiblichen Körper in ein komplementäres Verhältnis zu Zürns anagrammatischer Textpraxis setzen zu können. Ich bin an anderer Stelle ausführlicher auf diesen Punkt eingegangen. Vgl. hierzu Kap. 3.3., S. 46 f.

10 »Künstlerinnen von der Antike bis zur Gegenwart«, Köln 1979, S. 321.

11 1926 nahm André Breton die Begegnung mit der nur unter ihrem Vornamen »Nadja« bekannten Frau zum Anlaß der bekannten gleichnamigen Erzählung. Ihre Art zu beschreiben, zu sehen, zu erleben wird zur Verkörperung einer

Bleibt Unica Zürn nicht, indem die zeitgenössische Forschungsliteratur sie auf besagte Weise im surrealistischen Bedeutungskosmos verortet, auch ausschließlich im Rahmen der surrealistischen Mythen von Weiblichkeit lesbar?

Wie nachhaltig bestimmte Interpretationsmuster wirken, zeigt sich beispielsweise daran, daß Sigrid Weigel die Frage, ob die Arbeiten Zürns dem Surrealismus zuzurechnen sind, mit den Worten beantwortet:

> »Für Zürn mag aber dasselbe gelten, was Frida Kahlo für die eigene (bildende) Kunst festgestellt hat: ›Sie dachten, ich wäre eine Surrealistin, aber ich war keine. Ich habe niemals Träume gemalt. Ich habe meine Realität gemalt‹«.[13]

Indem Weigel an dieser Stelle die Untrennbarkeit von »Kunst und Leben« und die Surrealität ihrer Lebens- und Wahrnehmungsformen anführt, knüpft sie ungebrochen am surrealistischen Mythos der »Mysterien-Frau« an. Die Frage, wie eng die Arbeiten Zürns tatsächlich an Ideen und Vorstellungen des Surrealismus anknüpfen, bleibt unbeantwortet.

Es ist in diesem Zusammenhang nicht unbedeutend, daß zu dem Zeitpunkt, als Zürn und Bellmer 1953 nach Paris kommen, der Surrealismus als programmatische Bewegung im künstlerischen Leben von Paris eine nur noch untergeordnete Rolle spielt. Zwar war Breton bereits 1949 aus dem Exil in Amerika zurückgekehrt, aber der »orthodoxe Surrealismus« berührte die Geister nicht mehr.[14] So bedeutsam der Be-

wahrhaft surrealen Existenz, zum Bild von *der* surrealistischen Frau und Muse stilisiert. Vgl. André Breton, »Nadja«, Frankfurt/M. 1992, 10. Auflage.

12 Vgl. von Wysocki (1981), S. 37–51.

13 Weigel, (1987,2), S. 249.

14 Auf die Frage, warum den Surrealisten nach dem Zweiten Weltkrieg der Atem ausgegangen ist, antwortet der Schriftsteller und Kritiker François Caradec rückblickend mit den Worten: »Aus dem einfachen Grund, weil sie vier Jahre von der Realität abgeschnitten waren. Das, was Breton in Amerika gemacht hatte, kannte man nicht, das hatte wenig Bedeutung. [...] Breton hat nicht begriffen, was passiert war, er hat geglaubt, daß er so weitermachen könnte wie zuvor. Das war um so unpassender, als im gleichen Moment noch jemand anderes aus dem Exil zurückkehrte, und das war Antonin Artaud, der sehr viel weiter weg war als er, nämlich in einer Nervenheilanstalt. [...] Seine Spra-

zug zum französischen Surrealismus der Vorkriegszeit für Bellmers künstlerische Entwicklung offensichtlich gewesen ist, so ist die Frage, wie wegweisend die künstlerischen Arbeiten der Surrealisten auf Zürn gewirkt haben, sehr viel schwieriger zu beantworten.

Daß sie sich von dem persönlichen Kontakt zu den »großen Malerkollegen« geehrt fühlte, steht außer Zweifel. Im Anschluß an ihre zweite Ausstellung in der Galerie »Le soleil dans la tête« schreibt sie in einem Brief an die Berliner Freunde Ulla und R. W. Schnell:

> »Um Kritiken habe ich mich bei dieser Ausstellung garnicht gekümmert. Eine ist wohl in *Art* erschienen, aber ich habe sie nicht gelesen. Eine 2. ist mir zugeschickt worden, als Manuskript – für meinen Geschmack etwas zu bombastisch sich in Lobpreisungen ergehend. Das größte Vergnügen aber waren für mich die Besucher. Sie waren tatsächlich ›erlaucht‹. André Breton, Wilfredo Lam, Matta, Victor Brauner, Francis Ponge (das ist ein Dichter) und – Henri Michaux. Breton wird eine Zeichnung aus dem Skizzenbuch in seiner Revue ›Le Surrealisme même‹ veröffentlichen. Die großen ›Malerkollegen‹ haben sich ruhig und sachlich (ohne Lobhudeleien) mit meinen Zeichnungen einverstanden erklärt: ›sehr persönlich‹ – ›sehr direkt‹ – Ihre Urteile sind die wichtigsten – sie machen nämlich um keinen Preis Komplimente. [...] Victor Brauner hat ein Skizzenblatt gekauft. Darauf war ich sehr stolz. [...] Henri Michaux sagte von einem Ölbild mit ineinandergewundenen Schlangen[15], das ich ausgestellt hatte: ›C'est extraordinaire‹ – soweit also die Ausstellung.«[16]

che [...] war die eines Denkens, das uns direkt berührte, nicht wie dieser geschraubte Stil, diese akademische Sprache André Bretons, der zu einem Mystizismus übergegangen war, der uns erschreckte.« Vgl. François Caradec: »Ein Dutzend Jahre der Freiheit«, in: Paris, die 50er Jahre, Internationale Tage Ingelheim 1994, Mainz 1994, S. 49–50.

15 Es haben sich nur zwei Ölbilder erhalten, auf die diese Beschreibung zutreffen könnte. Beide entstanden 1957, davon befindet sich eines heute in der Privatsammlung Bihl-Bellmer, das andere im Nachlaß Zürns, der sich bei ihrer Tochter Katrin Ziemke in Berlin befindet. Vgl. GA Z, Abb. 36 und 37.

16 Unica Zürn an Ulla und R. W. Schnell, datiert ›Ende November 1957‹, in: GA 4.2, S. 566.

Auch der Umstand, daß Zürn in ihren Texten immer wieder auf surrealistische Techniken zurückgreift und beispielsweise das verschiedentlich beschriebene Warten auf das »Wunder« ebenso wie der immer wieder zutage tretende schwarze Humor unmißverständlich auf einen surrealistischen Kontext verweisen, soll hier nicht in Frage gestellt werden.[17] Allein die gravierenden Unterschiede, die Punkte, in denen Zürn über den Surrealismus hinausgeht, werden aus dieser Perspektive allzuleicht übersehen.

Es sind diese Differenzen, die im folgenden hervorgehoben werden sollen, indem die Zeichnungen Zürns einmal ganz konkret auf ihren Bezug zur surrealistischen Idee des »dessin automatique« untersucht werden.

5.2. Der »geduldige Automatismus« der Zeichnungen Zürns

Es handelt sich bei dem sogenannten »dessin automatique« um eine Übertragung der von den Surrealisten praktizierten textuellen Automatismuskonzeption auf den Bereich der Zeichnung. Soupault und Breton hatten das künstlerische Grundprinzip der Gruppe im ersten Manifest des Surrealismus (1924) folgendermaßen festgelegt.

> »Ich definiere es also ein und für allemal: Surrealismus, Subst. m. – Reiner psychischer Automatismus, durch den man mündlich oder schriftlich oder auf jede andere Weise den wirklichen Ablauf des Denkens auszudrücken sucht. Denk-Diktat ohne jede Kontrolle durch die Vernunft, jenseits jeder ästhetischen oder ethischen Überlegung.«[18]:

Ein vergleichsweise kleines Zeichnungskonvolut André Massons, das in der kurzen Zeitspanne zwischen 1923 und 1928 entstand, wird allgemein und wurde auch von den Surrealisten selbst als der erste ge-

17 Zum Thema der »surrealistischen Techniken« vgl. Yvonne Duplessis: Der Surrealismus. Schriften zur Kunsttheorie VIII, Berlin 1992.

18 André Breton, »Die Manifeste des Surrealismus«, Hamburg 1986, S. 26.

lungene Versuch einer Übertragung bzw. Verwirklichung der »écriture automatique« im Bereich der Zeichnung angesehen. Masson empfand seine Blätter sogar als »kleine Revolution« und schrieb zu deren Entstehungsprozeß:

> »Au début j'y mettais une telle fièvre que je ne voyait pas que je faisait. Lorsque l'image arrive je la prends et je ne la rejette pas. J'ai la sensation qu'elle surgit alors même que ma main court, mais je ne la vois qu'une fois le dessin achevé, jamais avant. Il y a bien là nécessite d'une phase aveugle et transitoire. Cécité psychique et mystérieuse qui retourne les yeux vers le dedans, faisant de l'artiste un dormeur ou un voyant.« [...] je me suis rendu compte sans aucune vanité d'ailleurs que c'était une petite révolution. [...] qu'il s'agissent de là quelque chose complètement nouveau [...] Sans doute faut-il voir dans l'aventure l'apport propre à la culture contemporaine.«[19]

Es fällt auf, daß der Vorgang des automatischen Zeichnens bei Masson – ganz im Einklang mit den mystizistischen Tendenzen des sogenannten »späten Surrealismus« – zu etwas Übersinnlichem und fast magisch Anmutendem stilisiert wird. Er schreibt:

> »Matériellement: un peu de papier, un peu d'encre. Psychiquement: il faut faire le vide en soi; le dessin automatique prenant sa source dans l'insconscient, doit apparaitre comme une imprévisable naissance [...] je voudrais n'être qu'un médium.«[20]

Und an anderer Stelle findet sich der pathetische Ausspruch:

> »Il m'est impossible d'être tous les jours en état second [...]. tous les jours pris de vertige être tous les jours un exalte. Si cela avait d'une manière continué je serai mort depuis longtemps.«[21]

19 Florence de Meredieu »André Masson. Les dessins automatiques«, Genf 1988, S. 11.

20 De Meredieu (1988), S. 15.

Geradezu unspektakulär mutet im Vergleich die knappe, lakonische Beschreibung Zürns an: »Malen, ein Thema, ohne vorbestimmte Absicht, erhöht die Spannung bei der Arbeit: man guckt sich selbst zu. Indem man sich selbst überrascht, überrascht man später die anderen.«[22] Vor allem aber zeigt der Vergleich, daß sich die Arbeiten Zürns in zwei Punkten grundlegend vom Prinzip der Surrealisten unterscheiden. Der erste Punkt betrifft nicht so sehr die Zeichnungen selbst als vielmehr das Verhältnis von Theorie und künstlerischer Praxis. Die Ausführungen Massons zeigen den Versuch, die geradezu magischen Vorstellungen, mit denen der Akt des Zeichnens und die Zeichnungen selbst beschrieben werden, zugleich theoretisch zu untermauern und auf diese Weise von dem Vorwurf der Banalität freizusprechen. Was Starobinski über Breton schreibt, daß nämlich »nichts für das Denken Bretons bezeichnender ist als dieses Nebeneinander vom Bedürfnis nach theoretischer Abstützung einerseits und andererseits dem Wunsch, die Existenz auf einen Bereich jenseits aller präetablierten Grenzen hin zu projizieren«[23], gilt auch hier. Masson ist aus diesem Grunde überaus bemüht darzulegen, daß ihm der Vergleich seiner automatischen Zeichnungen mit den Telephonkritzeleien Präsident Hoovers ebenso unangemessen erscheint wie der Versuch, sie in die Nähe zu Kinderzeichnungen oder den Arbeiten Geisteskranker zu rücken. Seine Zeichnungen sind zwar nicht im herkömmlichen Sinne komponiert, aber demungeachtet »strukturiert«:

> »Mon dessin était quand même non pas construit, mais très articulé. L'autre était invertébré. Autrement dit, mes dessins automatiques ne sont pas composés mais quand même structurés.«[24]

An anderer Stelle offenbart er, in welche Künstler-Genealogie er sich statt dessen gerne gestellt sehen möchte:

21 Ebd., S. 37.
22 GA 5, S. 144.
23 Starobinski (1982), S. 143.
24 de Meredieu (1988), S. 28.

»Je crois bien que, pour la capture qui nous occupe ce n'est pas la maladresse enfantine ou le graphisme des idiot du désœuvrement que je envierai [...] mais la libre virtuosité d'un Goya où la longue expérience d'un Hokusai.«[25]

Florence de Meredieu trifft einen wichtigen Punkt, wenn sie über Masson schreibt: »Masson lui même fut, en ce sens son tout premier lecteur. Visionaire et commentateur d'une œuvre [...]«[26]

In diesem Punkt unterscheiden sich Massons Arbeiten – und nicht nur seine, sondern die zahlreicher Surrealisten, wie beispielsweise Bretons oder Dalís – deutlich von denjenigen Zürns. Indem die Texte die bildnerischen Arbeiten *kommentieren* und *erklären*, wird zugleich das theoretische Fundament festgelegt und damit letztlich auch ein möglicher Interpretationsrahmen abgesteckt und vorgegeben.

Ganz anders strukturiert ist dieses Verhältnis in den Arbeiten Zürns. An keiner Stelle finden sich kunsttheoretische oder kunstästhetische Auslegungen oder verdichtet sich der Text zu etwas wie einem Kommentar, einer Beschreibung oder Definition. Die verschiedenen Ausdrucksformen – in diesem Fall Text und Bild, aber das Gesagte läßt sich auch auf das Verhältnis verschiedener Texte zueinander verallgemeinern – stehen in einem offenen Spannungsverhältnis zueinander, das weder die BetrachterIn/LeserIn in eine bereits festgelegte, passive Rolle zwingt noch eine Lesart des Verhältnisses von Schriften und Bildern zueinander genau vorgibt. Läßt man sich auf die ungewohnte und irritierende Offenheit der Arbeiten ein, so entsteht ein vieldimensionaler Bedeutungskosmos, ein Spiegelkabinett, in dem nichts mehr isoliert und für sich betrachtet werden kann, sondern in dem alles sich in allem reflektiert und bricht.

Dennoch findet sich in der Sekundärliteratur immer wieder der Versuch, bestimmte Sätze als theoretische Aussagen zu Zürns Arbeiten zu deuten. Es ist nicht zu leugnen, daß sich beispielsweise der vielzitierte Satz: »Wäre ich ein Mann, hätte ich aus diesem Zustand vielleicht ein

25 Zitiert nach Françoise Will-Levaillant: André Masson. Le Rebelle du Surréalisme, Paris 1976, S. 28.

26 de Meredieu (1988), S. 15.

Werk geschaffen. Aber als das, was ich bin – und ich möchte nichts anderes sein – habe ich nur gefaselt.«[27] geradezu die Interpretation provoziert, Zürn sei der Auffassung gewesen sei, daß es einer Frau unmöglich ist, ernsthaft künstlerisch tätig zu sein und ein »Werk« zu schaffen. Der Satz, reißt man ihn ausnahmsweise einmal *nicht* aus seinem durchaus absurden Kontext, lässt sich auch ganz anders lesen. Die Textpassage lautet:

> »Mir saß der welke Hals auf dem wackelnden Kopf. Ist so viel Traurigkeit und Verwirrung notwendig, um sich das Vergnügen zu machen, an den Tod zu denken? Die kleinen Nadelstiche – reichen sie aus? Ich bin meiner Begeisterung am Sterben müde geworden. Und wenn es einmal ernst damit wird, werde ich mit den Zähnen klappern. Auch mein vernarrter Wunsch nach dem Wunder hat die Spannung verloren. Ich habe mich in mir um- und umgedreht und mich behorcht und mich betrachtet. Dabei habe ich mich so satt bekommen. Wäre ich ein Mann, hätte ich aus diesem Zustand vielleicht ein Werk geschaffen. Aber als das, was ich bin – und ich möchte nichts anderes sein – habe ich nur gefaselt.«[28]

Schon der Titel »Notizen einer Blutarmen« verrät etwas von dem schwarzen Humor und der makabren Komik, die im Text folgen. In dieser Arbeit ganz Surrealistin, arbeitet Zürn mit Überraschungs- und Verfremdungseffekten, die dadurch entstehen, daß disparate Inhalte scheinbar willkürlich miteinander kombiniert werden. So wird die den Text durchziehende Krankheitsmetaphorik aus ihrem vertrauten Kontext in völlig wesensfremde Bereiche verschoben.[29]

In diesem Licht betrachtet, verliert der Satz, »Wäre ich ein Mann, hätte ich aus diesem Zustand vielleicht ein Werk geschaffen«, nicht nur

27 GA 4.1, S. 39
28 GA 4.1, S. 39
29 Die surrealistische Technik der Textmontage, wie Hans Holländer sie beschrieben hat, kommt hier geradezu mustergültig zum Ausdruck. Vgl. Hans Holländer »Ars inveniendi und ars investigandi«, in: Wallraf-Richartz Jahrbuch Bd. Nr. XXXII (1970), S. 193–234.

seinen resignativen Beigeschmack, er liest sich plötzlich sogar wie eine Spitze gegen einen überfrachteten, männlich dominierten Werkbegriff. Macht sich der Text darüber lustig, daß nur ein Mann so selbstbewußt sein könnte, zu glauben, daß man aus diesem kränkelnden Zustand sogar noch ein Werk schaffen kann?

Es ist meines Erachtens auszuschließen, daß in dem Ausspruch »Aber als das, was ich bin [...] habe ich nur gefaselt« eine ernstgemeinte Geringschätzung ihren Arbeiten gegenüber zum Ausdruck kommt. Oder um Zürn mit Zürn zu widerlegen: In ihrem Text »Der Mann im Jasmin« heißt es:

> »In dieser Nacht zerreißt sie in aller Ruhe den größten Teil ihrer Zeichnungen und Texte, die in Berlin von ihr veröffentlicht worden sind. [...] Eine Handlung, die sie später bereut, denn sie vernichtet die Dokumente einer *ernsthaften und erfolgreichen* Arbeit, die Arbeit der letzten 15 Jahre.«[30]

Die Differenz zum surrealistischen Ideen- und Vorstellungskosmos wird an anderer Stelle noch augenfälliger. Die Zeichnungen Zürns unterscheiden sich in einem Punkt ganz grundlegend vom surrealistischen »dessin automatique«. Gemeint ist das für dieses Prinzip so zentrale Moment der *Geschwindigkeit der Ausführung*. Für Masson war der Gedanke einer automatischen *Malerei* undenkbar. Nur die Zeichnung mit ihrem ununterbrochenen, schnellen, nervösen Fluß der Tinte ermöglicht die, wie Masson es nannte, »expression absolument gestuelle«, die die Vorgänge des Unbewußten mit seismographischer Genauigkeit aufzuzeichnen vermag. »Mes vraies dessins automatiques sont les dessins faits en un demi minute ou une minute au plus et les tableaux des sables«[31], schreibt Masson.

Verschiedene nicht fertiggestellte Zeichnungen Zürns, die sich heute im Nachlaß der Künstlerin befinden,[32] geben Aufschluß über ihre Vor-

30 Vgl. GA 4.1, S. 229.

31 de Meredieu (1988), S. 77.

32 Der Nachlaß Unica Zürns befindet sich bei ihrer Tochter Katrin Ziemke in Berlin.

gehensweise beim Zeichnen. Im Einklang mit der von den Surrealisten häufig verwendeten – und vor allem von Max Ernst entwickelten – Technik der Dekalkomanie findet sich auch auf ihren Zeichnungen häufig ein mit einem Schwämmchen aufgetragener Fleck, der die Phantasie anregen soll.[33] Eine erste Umrißlinie folgt in einer schnellen Bewegung, zumeist ohne Unterbrechung und ohne daß ein Moment des Zögern sich darin abzeichnen würde. Was dann jedoch folgt, hat mit dem eigentlichen surrealistischen »dessin automatique« nur noch wenig zu tun. Ausgehend von dieser eindimensionalen, kargen Vorgabe, beginnt die Linie langsam und selbstverliebt ihr vielfältiges Spiel.

Ein Blick auf eine 1954 entstandene Zeichnung (Abb. 5) veranschaulicht das Gesagte. Schaut man genau hin, so läßt sich ein erster Umriß erkennen, von dem aus die Linie anhebt, sich zu den verschiedenartigsten Strukturen und Formen zu verdichten und zu vernetzen. Ein engmaschiges Gewebe entsteht. Langsam, minutiös und geradezu sorgfältig werden einzelne Partien ausgefüllt. Der Linienverlauf erzählt von der geduldigen, langsamen, stillen Bewegung der Hand. Hier wird gepünktelt, dort wird gestrichelt, und an einigen Stellen wachsen kleine, muntere Forminseln aus dem Umriß heraus, während einen Zentimeter weiter sich girlandenartige Blumenornamente entwickeln, die den Gedanken an eine kunstvolle Stickerei nahelegen. Von der Großform ausgehend, wird der Blick der BetrachterIn zwangsläufig ins mikroskopische Reich der organischen Kleinstformen gezogen, vollzieht er ihr Wachsen und Wuchern nach, die im Zuge des »geduldigen Automatismus«[34] der Linie entstanden sind.

33 In »Die Begegnung mit Hans Bellmer« schreibt Unica Zürn, daß sie bereits in Berlin diese Technik für sich entdeckt habe: »Alexander Camaro [...] schenkt ihr einen Tuschkasten und große Bogen Papier. Sie macht das Papier mit einem Schwamm feucht und tupft mit dem Pinsel Farben darauf, die in schöne pflanzenähnliche Formen im Wasser zerfließen. Sie interpretiert diese Flecken zu bestimmteren Formen und entdeckt ganz alleine die Technik der Dekalkomanie, die die Surrealisten Oscar Dominguez und Max Ernst entwickelt haben.« (GA 5, S. 108–9)

34 Werner Haftmann beschrieb mit diesem Begriff den Zeichenstil von Wols. Vgl. Werner Haftmann: »Wols. 1913–51, Gemälde Aquarelle Zeichnungen«, Berlin, Neue Nationalgalerie, Staatliche Museen Preussischer Kulturbesitz 13.9.–5.11.1973, S. 10.

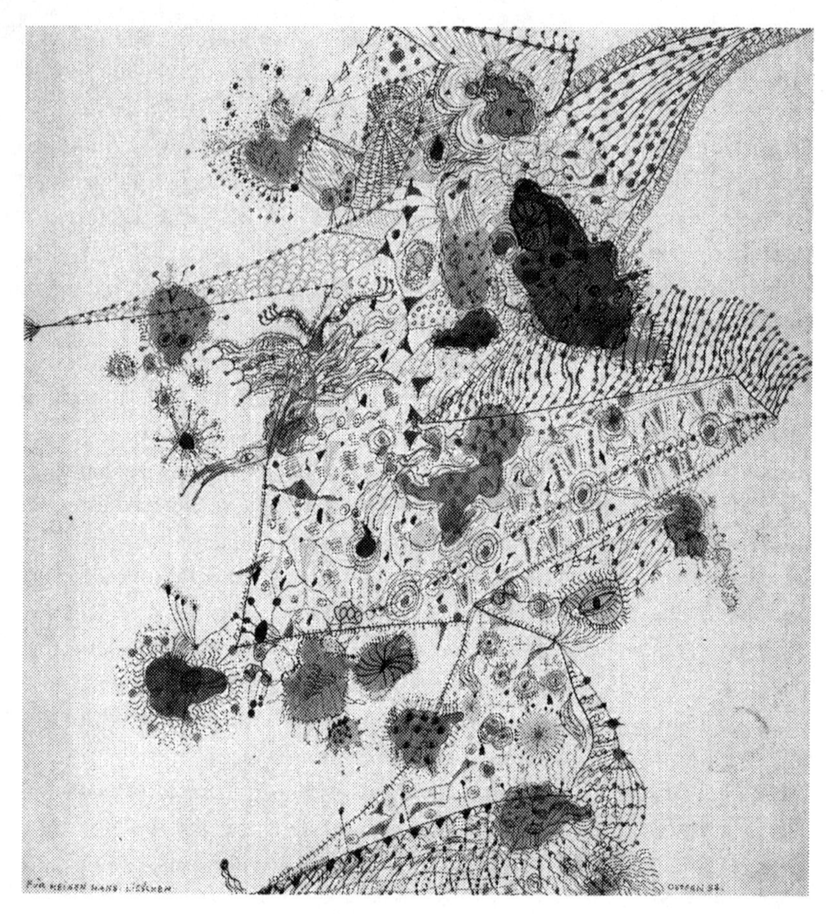

Abb. 5: Unica Zürn,
Federzeichnung, farbige Tusche, 18 x 17 cm,
signiert und datiert, mit der Aufschrift versehen,
Für meinen lieben Hans. Lieschen. Ostern 54,
Privatsammlung Bihl-Bellmer

Eine interessante Parallele tritt zutage: In ebender Weise, wie die Textpraxis des Anagrammierens dem Prinzip der ›écriture automatique‹ einerseits zwar verwandt ist und doch nicht darin aufgeht, gehen auch die Zeichnungen Zürns vom surrealistischen Prinzip des ›dessin automatique‹ aus und überschreiten es gleichzeitig. Die Deutung, zu der Ute Baumgärtel in ihrer Dissertation über die Anagramme Unica Zürns gelangte, läßt sich auch auf das Verhältnis von Zeichnung und ›dessin automatique‹ übertragen. Sie schreibt:

> »An dieser Stelle wird deutlich, daß das Anagramm in der Praxis Unica Zürns nicht in dem Modell der ›écriture automatique‹ aufgeht. Die Prinzipien des Automatismus und des Zufalls, die von den Surrealisten als konstitutiv für das automatische Schreiben erachtet werden, stehen hier in einem anderen Verhältnis zur Aufmerksamkeit und Konzentration auf das vorgegebene Material und werden in ihrer Wirkung von dem ›Suchen und Finden‹ (Zürn über die Technik des Anagrammierens) im aktuellen Satz relativiert. Während die ›écriture automatique‹ willkürlich, spontan und mit größtmöglichem Schreibtempo entstehen soll, während das automatische Produkt chaotischer Nonsens sein darf und soll (wobei die metaphernwirksame Sinnproduktion natürlich nicht ausgeschlossen ist), ist die Willkür beim Anagramm durch das Material eingeschränkt, die Spontanität durch den Konzentrationsakt auf die vorhandenen Möglichkeiten gebremst; und von Geschwindigkeit kann eher im umgekehrten Verhältnis zur ›écriture automatique‹ die Rede sein. [...] Es zeigt sich, daß Zürn vom Surrealismus [...] bestimmte methodische Elemente [...] übernimmt, sie aber in einem das automatische Schreiben überschreitenden Verfahren anwendet, das die Sinnfrage auf verschiedenen Ebenen der Zeichenbewegung potenziert und artikuliert und das poetisch und artifiziell wirksam ist, ohne in eine von den Surrealisten so vehement kritisierte Autorposition zurückzufallen.«[35]

Wenn der zeichnerische Duktus auch auf den ersten Blick spontan erscheint, so verleitet dieser Eindruck doch zu falschen Schlußfolgerungen. Das Lineament – seine Gliederung, sein Rhythmus und die Beziehungen der Figuren und Dinge untereinander – läßt sich mit dem Postulat einer unzensierten Freisetzung des psychischen Unbewußten nicht in einen produktiven Zusammenhang bringen. Der Kontext des surrealistischen

35 Baumgärtel (1999), S. 60.

»dessin automatique«, in den die Zeichnungen Zürns fast ausnahmslos gestellt werden, bietet meiner Ansicht nach nicht nur keine ausreichende Deutungsgrundlage, sie verstellt auch den Zugang zu alternativen Sichtweisen.

Zürn ist vom Surrealismus ausgegangen, hat diesen allerdings in einer Weise weiterentwickelt, die sich schließlich gegen seine ureigensten Postulate und Dogmen richtet. Denn während sich die Hoffnung der Surrealisten, mit Hilfe des automatischen Schreibens zu einem »Urtext des Psychischen« vorzudringen, zugleich als Versuche lesen lassen, die von der Moderne konstatierte »Zersplitterung des Subjekts« auf der imaginären Ebene wieder aufzuheben[36], so ist das Subjekt bei Zürn (wie ich in Kap. 5. ausführlicher darlegen werde) tatsächlich ein unsicheres oder eines, das ohne die Diskurse, mit deren Hilfe es sich ständig neu entwirft, keine Konstitutionsbasis mehr hat.

5.3 Zürn und Wols auf dem Weg Richtung Informel

Versucht man sich von der pauschalisierenden und wenig differenzierten Einordnung Zürns unter den Surrealismus zu distanzieren und neue Zugänge und Sichtweisen zu den Zeichnungen zu erarbeiten, dann sieht man sich, ähnlich wie bei den Untersuchungen zu den künstlerischen Entwicklungen der ersten Nachkriegsjahre, mit dem Problem konfrontiert, daß das vielfältige Nebeneinander der verschiedenen Strömungen, das die Pariser Kunstszene der fünfziger Jahre auszeichnete, erst in den letzten Jahren Gegenstand differenzierterer Untersuchungen geworden ist. Lange verband man mit dieser Zeit vor allem die Arbeiten der ›École de Paris‹. Manessier, Pignon, Bazaine, Estève etc. stehen für diese traditionsgebundene Schule der französischen Malerei, für die das Bild nach wie vor »eine rhythmisch gegliederte Fläche, die Malerei ein schönes Handwerk und die Farbe ein Äquivalent von Raum, Licht und Natur ist«[37].

36 Vgl. Scholl (1990), S. 40.

37 Im Rahmen der Ausstellung »Paris, die 50er Jahre. Kunst und Kultur« schlug der französische Kritiker Michel Ragon in einem Interview vor, das Problem

Aus heutiger Perspektive interessiert vielmehr das künstlerische ›Brodeln‹, das Nebeneinander von zum Teil völlig gegensätzlichen Strömungen, das an die Stelle eines einheitlich faßbaren Kunstentwurfs getreten war. Grewenig umreißt diese Situation mit den Worten:

> »Hinzu kam, daß Braque, Picasso, Matisse und Leger, die Meister der École de Paris vom Beginn des Jahrhunderts, noch lebten. Ihre Werke zeigten eine ungebrochene und erstaunliche Jugend und Frische. [...] Die Auflösung der Surrealistengruppe um André Breton hatte zur Folge, daß die meisten Surrealisten Paris verlassen hatten. Auch der Konstruktivismus war in der Krise. In der Debatte um die Zukunft der Kunst zeichnete sich ein ›Richtungsgefecht‹ zwischen lyrischer und geometrischer Abstraktion und dem Tachismus ab. Auswirkungen des Bauhaus, vermittelt durch Ausstellungen von Kandinsky und Klee, und der de Stijl-Bewegung waren in Paris spürbar. Dada zeigte noch immer Spuren, Cobra entwarf ihr Programm. Am Horizont der Kunst der französischen Hauptstadt deuten sich die Monochromie, die Op-Art und ein neuer Realismus an.«[38]

zunächst auf begrifflicher Ebene anzugehen. Er plädierte dafür, den verfälschend eng gefaßten Begriff der ›École de Paris‹ auszuweiten: »[...] also ich lehne diese enge Definition, d.h. die ›École de Paris‹, als Malerei der französischen Tradition völlig ab. Die ›École de Paris‹, das ist ebenso Wols wie Soulages, wie Artaud, wie Hartung oder Vieira da Silva, um nur einige zu nennen. Diese Definition ist eine empörende und unverständliche Beschränkung auf Künstler wie Manessier, Bazaine, Bissière, Lapicque usw., d.h. auf Künstler, die zwar tatsächlich die Malerei der französischen Tradition verkörpern, aber fälschlicherweise den Begriff der ›École de Paris‹ ausmachen. Wenn das die ›École de Paris‹ ist, dann vergißt man alles andere, was zu jener Zeit in Paris entstanden ist. [...] Es gibt selbst zu jener Zeit in Paris Bewegungen, die gegen die ›École de Paris‹ sind, also gegen die Malerei der französischen Tradition. So z.B. Cobra [...] Asger Jorn, Karel Appel [...]. Paris ist also ein Sammelpunkt geworden, ein Begegnungsort [...]« Vgl. Paris, die 50er Jahre. Kunst und Kultur, Internationale Tage in Ingelheim, Mainz 1994, S. 175–176.

38 Meinrad Maria Grewenig: »Die andere Kunst der 50er Jahre in Paris«, in: Ernst-Gerhard Güse (Hrsg.), Paris. Kunst der 50er Jahre, Saarland Museum, Saarbrücken 1989, S. 18.

Konstruktiv für eine differenziertere Sicht auf die Arbeiten Zürns erweisen sich nun vor allem die Arbeiten jener Künstler, die, wie Zürn selber auch, vom Surrealismus ausgegangen waren, diesen aber weiterentwickelten, um zu neuen und eigenständigen Fragestellungen zu gelangen. Der französische Kritiker Michel Tapié hat sie 1953 erstmals gemeinsam unter dem Titel »Un art autre« ausgestellt. Mit der bewußt sehr vage gehaltenen Umschreibung umging Tapié nicht nur eine Entscheidung zwischen den verschiedenen für diese Künstler sonst gebräuchlichen Etiketten Informel, Tachismus oder lyrische Abstraktion, er war zugleich auch der Notwendigkeit enthoben, sich in der heftigen Diskussion zwischen figurativer und abstrakter Kunst festlegen zu müssen.

Ohne daß die Künstler, die er ausstellte – Dubuffet, Fautrier, Mathieu, Michaux, Riopelle und Serpan u. A. –, einer gemeinsamen Schule angehörten oder in engem Kontakt zueinander gestanden hätten und ohne daß alle, die man heute dazu zählt, in seinen Ausstellungen bereits vertreten gewesen wären, entwickelten sie doch eine in bestimmten Punkten vergleichbare Formensprache. Laslo Glozer sieht ihren Ort im künstlerischen Kontext der 50er Jahre vor allem in der Gegenposition zur geometrischen Abstraktion. Er schreibt:

> »Das völlig Andere zeigt sich in den Forderungen ebenso wie in den einzelnen Schritten, im Gesamtprotokoll dieser Kunst ebenso wie in den Gesten der Arbeit [...] Damit wird das Kontrastprogramm zu der geometrischen Abstraktion, die als konstruktivistische Tradition in Paris seit Ende der 40er Jahre eine starke Wiederbelebung erfuhr, deutlich.«[39]

Zugleich verweist der Begriff »Un art autre« auch darauf, daß man sich dem zuwendete, was bis zu diesem Zeitpunkt nur ganz entfernt, am Rande der kulturellen Produktion, aufgetaucht war: die naive Kunst der Amateurmaler, die Zeichnungen von Kindern, von Geisteskranken und die sogenannte Volkskunst.

39 Laslo Glozer: Westkunst. Zeitgenössische Kunst seit 1939, Köln 1981, S. 140.

Obwohl die Zeichnungen Unica Zürns mit den Arbeiten dieser Künstler schlechterdings nie in Verbindung gebracht worden sind, stehen sie doch in einem interessanten Bezug dazu, einem Bezug, der der zeitgenössischen Kunstkritik durchaus nicht entgangen ist. In einem Brief an Ulla und R. W. Schnell vom Juli/August 1956 gibt Unica Zürn den Wortlaut einiger Rezensenten wieder, darunter ein kurzer Text, der im Juli 1956 in »La nouvelle Revue Française« erschienen war.

> »On ne peut toujours faire passer, sur tel artiste (ou écrivain) le feu des expériences antérieures ou recentes (d'ailleurs, qui les connait, en verité). On songe, dans ces teintes légères, merveilleuses, aux gouaches des Wols (avant 1947). On évoque un méconnu de Kandinsky vers 1924 [...] Ces repères, qui se valent sans doute que pour certains spectateurs (exigeants, reclaimeraient-ils l'invention à toutcoup?) n'interviennent en rien contre les gouaches de Zuern. L'expérience est personelle, tres précise. Et c'est une sorte de minutie qui découverte. Il faut accepter l'ensemble des points, des traits et depuis cette densité passer au monde, a l'univers [...]«[40]

Es sind die Arbeiten von Chaissac, vor allem aber die Aquarelle und Zeichnungen von Wols aus den Jahren 1943–45, zu denen ihre Zeichnungen eine bisweilen verblüffende Affinität aufweisen. Als Zürn in Paris eintraf, war Wols bereits zwei Jahre tot[41], seine Arbeiten zogen jedoch ein immer größer werdendes Interesse auf sich, so daß anzunehmen ist, daß Zürn zumindest einige seiner Arbeiten kannte.[42]

Die frühen, »schelmisch-skurrilen«[43] Aquarelle von Wols, die mit

40 GA 4.2, S. 516–517.

41 Wols starb 1951 im Alter von achtundreißig Jahren an den Folgen einer Lebensmittelvergiftung.

42 Vgl. hierzu die unter dem Titel »Abstraktion, Geste und Zeichen« erstellte Chronologie der wichtigsten Ausstellungen von Wols im Ausstellungskatalog »Paris, Paris 1937–1957. Malerei Graphik Skulptur Film Theater Literatur Architektur Design Photographie«, Ausstellung im Centre Pompidou 28. Mai–2. November 1981, München 1981, S. 215 ff.

43 Der Begriff stammt von Werner Hofman. Vgl. Werner Hofmann: »Der Maler

Abb. 6: Unica Zürn,
Zeichnung, Mischtechnik, 50,0 x 65,0 cm,
datiert und signiert, Privatbesitz

süßlicher Farbigkeit und erfinderisch umherspazierender Linie eine durch und durch surrealistische Phantasiewelt aufs Papier zaubern[44], werden etwa ab 1943 abgelöst von hauchfeinen, mit minutiösem Strich vorgenommenen Einblicken in einen fremden, organisch-vegetabilen Kosmos.

Ähnlich wie bei Zürn wuchern auf Wols' Zeichnungen und Aquarellen aus diesen Jahren die Formen scheinbar wie von selbst übers Blatt, fügen sich, geheimen Gesetzen folgend, zu beweglichen, organisch an-

Wols« in: Tilman Osterwold und Thomas Knubben (Hrsg.), Wols. Aquarelle 1937–1951, Städtische Galerie Altes Theater Ravensburg, 1997, S. 25.

44 Auf die stilistische Nähe der frühen Arbeiten Wols' zu den Zeichnungen Tanguys und Klees hat bereits Ewald Rathke hingewiesen. Vgl. »Vom phantastisch Gegenständlichen zum gegenstandslos Phantastischen«, in: Wols. Drawings and Water-Colours, Goethe-Institut London 1985, S. 12.

Abb. 7: Aus: Werner Haftmann, Wols. 1913–1951.
Gemälde Aquarelle Zeichnungen, Berlin, Neue Nationalgalerie,
SMPK 13.9.1973–5.11.1973, S. 91, Nr. 101

mutenden Strukturen, gehen über in Verästelungen und Verschlingungen, um sich dann an manchen Stellen plötzlich zu Assoziationen von etwas scheinbar Bekanntem, Vertrautem zu verdichten.

Wols und Zürn gelangen in diesem langsamen Prozeß, »in dem die Formen wirklich sind, weil sie mit geradezu schmerzlicher Genauigkeit erdacht, erträumt«[45] werden, bisweilen sogar zu ›stilistisch‹ vergleichbaren Formen. Die Gegenüberstellung einer frühen Zeichnung Zürns (Abb. 6) mit einer Zeichnung von Wols aus dem Musée d'Art Moderne in Paris (Abb. 7) legt die Annahme nahe, daß Zürn die Arbeiten von Wols kannte.[46]

45 Volker Adolps: »Die Genauigkeit der Phantasie«, in: Wols. Radierungen, Kunstmuseum Bonn 1996, S. 11.

46 Es läßt sich allerdings aufgrund der heutigen Quellenlage nicht mit Sicherheit

Beide Blätter zeigen ein geheimnisvolles, in sich verknäultes Geschöpf, aus dem sich an gleicher Stelle auf der linken Seite ein Vogelkopf mit einem wachsamen Auge und überaus spitzen Schnabel herausschält. Die Kopfform zieht als einzig klar identifizierbares Bildelement den Blick sofort auf sich, sie ist so etwas wie der Ausgangspunkt oder die Erinnerungsspur eines Traumes, von der aus die BetrachterIn aufbricht, die Form zu erkunden.

Die Linie der Zürnschen Zeichnung hat sich gleichmäßiger und weniger sprunghaft voranbewegt und die bauchige Form bis in den letzten Winkel sorgfältig mit unzähligen kleinen Kreisen, Punkten und Linien übersät und ausgefüllt. Das Gewebe erschiene dicht und engmaschig, wären da nicht die vielen feinen farblichen Abstufungen, die Volumen erzeugen und das Gebilde pulsieren und beben lassen. Die gräulichschwärzlichen Bahnen erscheinen wie Adern, die sich um die Form herumgelegt haben und an einer Stelle einen Durchblick auf das flammende Innerste der Gestalt erlauben. Gleich einer Mischung aus Vogel und Herz schwebt dieses rätselhafte Geschöpf vor einem bräunlich lavierten Hintergrund, allen Bezügen und Verankerungen entrissen, ziellos durch ein unbelebtes und undefinierbares Universum.

Ganz andere Assoziationen stellen sich bei einer genaueren Betrachtung der Wolsschen Zeichnung ein. Die sichelförmige Linie, die von der Kopfform ausgehend das Blatt durchmißt, verleiht dem Wesen etwas Buckliges und Eulenhaftes. Zusammengekauert hockt es da, ein unheimlicher kleiner Waldschrat mit einer knorrigen, kralligen Hand und einem federlosen Wirbelfortsatz. Feine Linienbüschel wachsen wie kleine bewegliche Geißelhärchen aus dem Kontur heraus, schwingen umher

sagen, ob Zürn die Zeichnung von Wols kannte oder ob die erstaunliche Ähnlichkeit rein zufälliger Natur ist. Allein, wenn ihr dieses Blatt bekannt gewesen wäre, so wäre damit ein interessantes Indiz dafür gefunden, daß sie beim Zeichnen sehr ähnlich vorgegangen ist wie beim Schreiben. Genauer gesagt: So, wie sie in ihren Texten Sätze aus den Werken anderer Autoren übernimmt, um an ihnen entlang weiterzuträumen, sie zu überformen oder spielerisch wie Bausteine zu einer neuen Geschichte zusammenzulegen (so in dem Text »Im Hinterhalt«, in dem beispielsweise Sätze aus »Moby Dick« von Melville verwendet werden, vgl. GA 4.2, S. 111–131), so stellt vielleicht auch dieser eigenwillige Vogelkopf mit der sich anschließenden Umrißlinie ein »Zitat« dar, einen Ausgangspunkt, an dem die Phantasie zu spielen begann.

und lassen das dargestellte Wesen ungemein weich und verletzbar erscheinen. Es ist, als tastete die BetrachterIn mit den Augen das empfindliche Innen dieses Geschöpfes ab, oder mehr noch, als wäre die Unterscheidung zwischen Sehen und Tasten und zwischen Nah und Fern für einen Augenblick aufgehoben.[47]

Es ist nicht nur das erstaunlich ähnliche »Motiv«, das beide Blätter miteinander verbindet, auch das Verhältnis von Bild und Betrachter ist ein strukturell gleiches. In beiden Fällen gehen die Formen und Partien ineinander über, fehlen »ordnende« Linien, mangelt es an Orientierungshilfen, die einen festen Betrachterstandpunkt und eine Blickachsen vorgeben könnten. Der Blick der BetrachterIn wandert umher, er stößt auf Stellen, wo sich die Linien verdichten, auf Bündel, auf Zentren, auf Kulminationspunkte, aber immer wieder neu ist er gezwungen, sich zu dem unüberschaubaren Gespinst in Bezug zu setzen, da es keinen Punkt gibt, der dem Auge endgültig Halt und Ruhe vermittelt.

Meinrad M. Grewenig sieht in diesem Phänomen, wie aus seinem Katalogbeitrag zur Ausstellung »Die andere Kunst der 50er Jahre in Paris« hervorgeht, das hervorstechende und zugleich verbindende Element der Arbeiten dieser Künstler. Er schreibt:

> »Wols, Fautrier, Dubuffet, Michaux, Chaissac, Artaud und mit einer gewissen Zeitversetzung Requichot entwarfen im Spannungsfeld einer ›Écriture automatique‹ und einer ›Art brut‹ ein ähnliches Kunstkonzept [...] Das Neue und Aufregende dieser Kunst ist der besondere Entwurf von Bild und Inhalt, der dem Betrachter einen anderen Stellenwert im Verhältnis zum Werk

47 Bei Dieter Ahrend heißt es über die Seh- und Denkweise des Informel: »Solche Malerei geht den Weltgesetzen im kleinen nach und findet sie in Blatt und Baumrinde ebenso wie in der windbewegten Wasseroberfläche. Nicht abbildend, sondern gewissermaßen mit malerischen Mitteln darüber nachdenkend. Sie bedeutet also nichts anderes als Konkretheit in der Abstraktion – dies ist nur scheinbar ein Gegensatz – und sucht im »Dunkel das Sichtbare«. Von kühler, aber nicht gleichgültiger Sprödigkeit weiß sich diese Malweise von der Passion des Naturforschers beseelt, der ja ebenfalls mit seinem Mikroskop das Unzugängliche erreichbar macht, Nah und Fernsicht auf einen Nenner bringt. Dieter Ahrend im Vorwort zu: Frühes Deutsches Informel, Sammlung Lückeroth, Oberhausen 1988.

> zuweist. [...] Der Betrachter ist in den Werken aller sieben Künstler mit einer Fülle vielfältiger Klein- und Kleinstformen konfrontiert, die das sinnliche Aufnahmevermögen zu übersteigen scheinen; seien es nun die hochkomplexen Erd- und Bodenstrukturen eines Dubuffet, die mit Tausenden kleiner Elemente angefüllten Kästchen Requichots, die graphischen Oberflächen der plastischen Bildstrukturen Fautriers oder die vielfach verästelten Striche und Linien Michaux' [...].«[48]

Grewenig ist mit seiner Feststellung, daß die von diesen Arbeiten ausgehende Verunsicherung daher rührt, daß dem Betrachter ein »anderer Stellenwert« zugewiesen wird, auf einen zentralen Punkt gestoßen. Ihm ist darin zuzustimmen, daß das herkömmliche Verhältnis von Bild, Inhalt und Betrachter in diesen Arbeiten durchkreuzt wird, indem die dargestellten Formen zwar einerseits »etwas« darstellen, das sich aber andererseits zu keinem identifizierbaren und fixierbaren Inhalt fügen will und ob seiner Fülle und Kleinteiligkeit das Aufnahmevermögen des Betrachters zu überfordern droht. Kaum mehr möglich, von einem Standpunkt aus die Darstellung als Ganzes zu erfassen. Bildbetrachtung wird zu einer Art Seh-Prozeß, zu einem Vergewisserungsprozeß zwischen Nah und Fern, zwischen träumen und identifizieren. Indem sich die Bilder ohne Unterlaß aneinander reiben, überraschen, in Frage stellen und sich auf diese Weise in einem verwirrenden, manchmal geradezu beängstigenden Spiel gegenseitig transformieren, werden herkömmliche Kategorien der Bildbetrachtung außer Kraft gesetzt.[49] Wie sehr damit

48 Grewenig (1989), S. 20–21.

49 Auch wenn sich in der Wols-Forschung, wie aus dem Artikel von Volker Adolphs deutlich hervorgeht (vgl. Volker Adolphs: »Die Genauigkeit der Phantasie«, in: Wols. Radierungen, Kunsmuseum Bonn 1996, S. 9–13, S. 13) ein Bewußtsein dafür entwickelt hat, daß die Titel fast sämtlich nachträglich hinzugefügt worden sind und somit zu falschen Schlußfolgerungen verleiten können, zeigt die letzte umfassende Publikation zu Wols, der Katalog zur Ausstellung in Zürich und Düsseldorf (Wols. Bilder Aquarelle Zeichnungen Photographien Druckgraphik, Kunsthaus Zürich 1989), daß es schwierig ist, auf diese zu verzichten. Susanne von Falkenhausen hat in diesem Zusammenhang auf den 1959 in der Zeitschrift Magnum veröffentlichten Vergleich von einer

eingefahrene Seh-Gewohnheiten unterlaufen werden läßt sich an dem Bedürfnis ermessen, sie durch Wirklichkeitsanalogien nachträglich zu legitimieren. So hat man beispielsweise den meisten Arbeiten von Wols nach seinem Tod gegenständliche Bildtitel hinzugefügt, ein Umstand, der in der kunsthistorischen Zürn-Rezeption – hätte es sie denn gegeben – sicher ähnlich ausgesehen hätte.

Das Problem reflektierend schreibt der Kunsthistoriker Ewald Rathke: »Die nicht von Wols stammenden Bildtitel verleiten zu falschen Assoziationen. Wir müssen sie außer acht lassen, um zu einer Bilderwelt vorzudringen, die vom Lyrischen bis zum Dramatischen [...] alle Stimmungslagen erfaßt.«[50]

Daß die Wirklichkeitsbezüge vorgaukelnden Bildtitel den intendierten Seh-Prozeß dieser zugleich gegenständlichen wie abstrakten Arbeiten unterbindet, ist sicher richtig. Wie schwer es jedoch ist, der Offenheit der Formen und des Wahrnehmungsprozesses tatsächlich gerecht zu werden, verrät sich darin, daß sich auch bei Rathke ein Begriff wie »*falsche* Assoziationen« einschleicht. Denn: Was sollen »falsche Assoziationen« sein?

Zeichnung von Wols mit dem Photo eines Atompilzes hingewiesen, mit dem ebenfalls versucht wurde »Kunst via Analogie wieder ans Leben anzubinden«. Sie schreibt: »Angesichts damaliger Sehgewohnheiten des westdeutschen Publikums, geprägt vom Nachhall der NS-Kunst, aber konfrontiert mit dem massiven Auftreten des Informel, wird deutlich, daß es *Magnum* darum geht, die Abstraktion mit dem Verweis auf Wirklichkeitsanalogien diesem Publikum gegenüber zu legitimieren. [...] Als verfehlt erscheint heute der versuchte Nachweis von Gegenständlichkeit oder Wirklichkeitsnähe der Abstraktion, der auf den Seiten von *Magnum* mit einer Gegenüberstellung von Wols »*La Flamme*« (1946/47) und dem Photo eines Atompilzes eine Art Gestaltähnlichkeit der beiden Motive suggerierte [...]« Susanne von Falkenhausen, »Das Verlangen nach Bedeutung«, in: Raum und Körper in den Künsten der Nachkriegszeit, hrsg. von der Akademie der Künste, Amsterdam/Dresden 1989, S. 29.

50 Ewald Rathke (1985), S. 13.

6. Zum Problem der Diskursivierung von struktureller Offenheit

Man steht vor der Frage: Wie läßt sich die Unbestimmtheit, die, um mit Teresa de Lauretis zu sprechen, »als Quintessenz der ›Offenheit‹ und als conditio sine qua non der Avantgarde galt«[1], diskursiv erfassen? Und das heißt: Wie kann das Schreiben darüber (schon das Wort »darüber« wirkt hier sperrig, beschreibt ein Verhältnis, eine Hierarchie, die nicht gegeben ist) dem prozessualen Wahrnehmungsakt und der perzeptiven Offenheit der künstlerischen Formen und ihrer Rezeption Rechung tragen? Verlangen die soeben besprochenen Arbeiten nicht nach einer neuen Rezeptionsmethode? Gerät man mit der Suche nach einer neuen ›Methode‹ nicht schon wieder in dir nächste Sackgasse? Oder gilt es vielleicht eher, die Idee einer Methode, eines »übergreifenden Modells« zu verabschieden?

Die Texte, die im Rahmen des soeben erschienenen Werkkatalogs der Zeichnungen Zürns publiziert worden sind, gehen an keiner Stelle auf einzelne Arbeiten der Künstlerin ein. Auf diese Weise umgehen sie das Problem auf elegante Weise.[2]

1 Teresa de Lauretis: »Das Rätsel der Lösung – Umberto Eco ›Der Name der Rose‹ als postmoderner Roman«, in: Klaus Scherpe (Hrsg.), Postmoderne, Hamburg 1986, S. 251–268.

2 Es erscheint fast wie Ironie des Schicksals, daß die AutorInnen, die im Rahmen des Katalogs zu Wort kommen, nicht die Arbeiten selbst heranziehen, sondern an den bekannten Erklärungsmodellen festhalten. Laurence A. Rickels beispielsweise bezieht sich in ihrem Versuch, zu dem »Vorder- und Hintergrund für Unica Zürns Zeichenkunst im Verrücktsein« vorzudringen, nicht, wie man erwarten könnte, auf die hier erstmals in dieser Vollständigkeit zusammengetragenen Arbeiten, sondern auf zwei von Zürn ausgefüllte Wartegg-Zeichentests. Anhand dieser beiden Zeichnungen, so die Autorin, lasse sich »alle Zerissenheit« der Künstlerin darlegen. Vgl. GA Z, S. 193–198.
Bei Werner Knapp kommt es immerhin zu einer vorsichtigen Kritik an der allzu einseitig ausgerichteten Rezeption der Arbeiten Zürns. »Die phantastischen Anteile der Anagramme und Bilder werden dabei zuwenig als ästhetische Konstruktionen gesehen und zu sehr einer zustandsgebundenen künstlerischen Pro-

Die Sekundärliteratur zu Wols ist in einer der Forschungsliteratur zu Zürn vergleichbaren Weise von einem biographischen Duktus geprägt. Werner Haftmann, der »Hausbiograph« von Wols, beschreibt sie als:

> »[...] reines Begehungsfeld und Resonanzmembrane für die lyrischen und expressiven inneren Bewegungen im Menschen. [...] Was seinem Leben und seinem Werk den zeitgenössischen und dokumentarischen Wert gibt, ist die beispiellose und aufmerksame Annahme des Schicksals, das in den wüsten Jahren vor und während des Krieges der Mensch dem Menschen zubereitete. Das hieß Verfolgung, Not, Krieg, Heimatlosigkeit und immer wieder Flucht. In diesem *Tagebuch*, das aus mehr als tausend oft nur handtellergroßen Blättern besteht, ist registriert, was ein künstlerischer Mensch an seelischer Verwundung, die ihm das, durch das grauenhafte Übergewicht des Politischen pervertierte Leben schlug, auszuhalten hatte. Das Grundthema dieses Berichtes ist die Wunde der Welt.«[3]

Richtet man seinen Blick auf die kunsthistorische Sekundärliteratur zur Stilrichtung des Informel, dann stellt man fest, daß die Frage, wie man mit der ›Offenheit‹ der Arbeiten umgeht, auch dort nur sehr vage oder gar nicht beantwortet wird. Rührt dies daher, daß sie methodische Unzulänglichkeiten kunstwissenschaftlicher Interpretationsansätze offen

duktion zugeschlagen. Das ist für Betrachter entlastend, weil sie in diesem Zusammenhang nicht auf die eigene Einbildungskraft zurückgeworfen werden, und als Rezeptiosstrategie brauchbar, um sich aus dem Bild herauszuhalten und sich vor einer gewissen Entführung in die Bilder zu schützen. Weniger hermetisch, schließt sich die Zeichnerin in ihren Bildern keineswegs in eine nur vorgestellte Welt ab. [...] Es mag an der plastisch vorstellbaren Art des Freitods liegen, daß er als biographisches Ereignis in der Perspektive des christlichen Europa für die Rezeption bedeutend werden konnte.« Meines Erachtens liegen die Gründe auf einer anderen Ebene: Zum einen unterwandern die Arbeiten, indem sie jede Form von »Meisterschaft« verweigern, vertraute Repräsentationschemata. Darüber hinaus lassen sich die Daten von Unica Zürns Biographie mühelos zu einem Bild zusammenfügen, das den surrealistischen Weiblichkeitsmythen in hervorragender Weise entspricht. (Vgl. GA Z, S. 210)

3 Werner Haftmann (1973), S. 7. Hervorhebungen H. L.

zutage treten läßt? So schreibt Gabriele Lueg in ihrer Dissertation zum Informel:

> »Nie vorher gab es eine Kunstrichtung, die die sprachlichen Fähigkeiten so weit strapazierte bzw. überschritt wie der Informalismus. Bei dem Versuch, ein informelles Bild zu beschreiben, *ohne etwas ›hinzuzudichten‹* hält man sich folglich, abgesehen von den farblichen und strukturellen Wahrnehmungen, an die von Künstlern ›mitgegebenen‹, meist zuverlässigen Angaben über Verfahrensweise und Bilddaten. [...] *Da es sich um Kunstwerke handelt, die vor allem gesehen werden sollen, deren Inhalte sich ›im Namenlosen ansiedeln‹, besteht für den Interpreten immer die Gefahr, sich in Subjektivismen zu verlieren.*«[4]

Besagte Textstelle von Lueg verdeutlicht auf paradigmatische Weise die Schwierigkeiten einer hermeneutisch ausgerichteten Kunstgeschichtsforschung mit bewußt auf Vieldeutigkeit und Unbestimmtheit angelegten künstlerischen Arbeiten. Aus der Warnung vor dem »Hinzudichten« und der »Gefahr der Subjektivismen« spricht nicht nur der hartnäckige Glaube an die Möglichkeit einer Beschreibung als einem neutralen, denotierten Zustand der Sprache, die methodischen Unzulänglichkeiten führen letztlich auch dazu, die Rezeption informeller Kunst kurzerhand in einem »vorbegrifflichen«, »namenlosen« Bereich anzusiedeln, einem Bereich, den es, so meine Vermutung, gar nicht gibt.[5]

Umberto Eco hat mit seiner Studie zum »offenen Kunstwerk«[6] versucht, dieses »theoretische Vakuum zu schließen«. Überraschenderweise

4 Gabriele Lueg: Studien zur Malerei des deutschen Informel, Aachen 1983, S. 30 Hervorhebungen H. L.

5 Mir ist nicht entgangen, daß Lueg im Verlauf des Textes mit ihrer Forderung, sich »im Sinne Worringers in die Bildwelt einzufühlen«, nach einer alternativen Herangehensweise gesucht hat. Vgl. ebd., S. 47–48.

6 Teresa de Lauretis beschreibt den Entstehungskontext der Arbeit von Eco mit den Worten: »Ecos Formel vom ›offenen Kunstwerk‹ geht zurück auf die Zeit seiner direkten Beteiligung an der italienischen Neoavantgardebewegung in den Jahren 1958–63 und verdankt sich der Notwendigkeit, eine kritische Sprache und neue ästhetische Kategorien zu entwickeln, die jenen zeitgenössischen Kunstwerken gerecht würden, die von der sogenannten zweiten Avantgarde

entwirft er zu Beginn ein »*Modell* des offenen Kunstwerks«, beugt aber naheliegenden Mißverständnissen sofort im Anschluß mit den Worten vor:

> »Das Modell eines offenen Kunstwerks gibt nicht eine angeblich objektive Struktur der Werke wieder, sondern die Struktur einer Rezeptionsbeziehung; eine Form ist beschreibbar nur, insofern sie die Ordnung ihrer Rezeptionen erzeugt.«[7]

Im Verlauf seiner Untersuchung grenzt er dann seinen Forschungsgegenstand mit den Worten ein:

> »Der Künstler bietet dem Interpretierenden ein zu vollendendes Werk: er weiß nicht genau, auf welche Weise das Werk zu Ende geführt werden kann, aber er weiß, daß das zu Ende geführte Werk immer noch sein Werk, nicht ein anderes sein wird, daß am Ende des interpretativen Dialogs eine Form sich konkretisiert haben wird, die seine Form ist, auch wenn sie von einem anderen in einer völlig anderen Form organisiert worden ist.[8] [...] Ein Kunstwerk ist offen, solange es Kunstwerk bleibt, jenseits dieser Grenze wird die Offenheit zum Rauschen.«[9]

Wohin führt nun eine solche Konzeption? Eco stellt einerseits die Struktur der Rezeptionsbeziehung ins Zentrum, andererseits jedoch kehrt er, um das »offene Kunstwerk« von den »Klumpen zufälliger Elemente«, »die aus dem Chaos, in dem sie sich befinden, aufsteigen und jede beliebige Form werden können«[10], abzugrenzen, zu einem starken und

geschaffen wurden – gemeint sind z.B. die Musik von Berio, Boulez, Pousseur, Stockhausen; Calders Mobiles und die Kunst ihrer Vorläufer, zu denen Eco Mallarmé, Joyce und Brecht zählt. Er definiert deren Werke als ›Kunstwerke in Bewegung‹, vertrat die Auffassung, sie seien als epistemologische Metaphern zu verstehen, und er stellte eine Verbindung zwischen ihnen und der Einsteinschen Physik und den theoretischen Konstrukten Husserls und Merleau-Pontys her.« Vgl. de Lauretis (1986), S. 260.

7 Umberto Eco, Das offene Kunstwerk, Frankfurt/M. 1996, S. 15.

8 Eco (1996), S. 55–56.

9 Ebd., S. 178.

10 Ebd., S. 56.

traditionell anmutenden Künstler- und Kunstwerkbegriff zurück. Das Kunstwerk ist das Werk des Künstlers, ist »sein« Werk und bleibt es, trotz seiner strukturellen Offenheit und jenseits aller daraus entstandenen interpretativen Dialoge mit dem rezipierenden Publikum. Damit endet er schließlich bei der »alten« Frage nach der *Intention* des Künstlers, die naturgemäß nach Beurteilung verlangt:

> »Wir leben in einer Kultur [...]«, schreibt Eco »in der man vom Betrachter fordert, daß er nicht nur frei den Assoziationen folgt, die der Komplex der artifiziellen Reize von ihm fordert, sondern daß er, im gleichen Augenblick, in dem er sich daran freut, [...] den Gegenstand, der diese Erfahrung in ihm hervorruft beurteilt. [...] Indem ich das *Wie* beurteile, die verwendeten Mittel, die erzielten Resultate, das Erreichen oder Nichterreichen der *Intentionen*. Und das einzige Mittel, das ich besitze, um das Werk zu beurteilen, ist eben diese Entsprechung zwischen meinen Rezeptionsmöglichkeiten und den bei der Gestaltung von seinem Schöpfer implizit manifestierten Intentionen.«[11]

Die Offenheit des Kunstwerks ist Ecos Theorie zufolge durchaus bedingt. Die LeserIn/BetrachterIn hat Freiheiten, zugleich aber sind diese eingeschränkt und überdeterminiert, oder anders ausgedrückt: sie sind in der Struktur des Kunstwerks immer schon angelegt und vorgegeben. Die Mitarbeit der RezipientIn ist gewissermaßen »vorgesehen«, sie ist der Garant dafür, daß die »Entsprechung zwischen den eigenen Rezep-

11 Ebd., S. 178 Teresa de Lauretis hat den wunden Punkt der Theorie Ecos herausgearbeitet. Sie schreibt: »[...] die Leserrolle bei der Textarbeit ist eine ›Mitarbeit‹, die von der generativen Struktur des Textes verlangt wird; denn der Leser ist bereits vom Text angelegt und ist tatsächlich ein Element der Interpretation des Textes, nämlich einer Reihe von Kompetenzen und Bedingungen, die erfüllt sein müssen, wenn der Text bzw. die Potenzialität seines Inhalts ›vollkommen aktualisiert‹ werden soll. Ecos jüngste Texttheorie fordert einen Leser, der bereits kompetent ist, ein (lesendes) Subjekt, das in seiner Konstitution dem Text und dem Lesen voraus liegt, und setzt gleichzeitig den Leser als Term für die Bedeutungsproduktion des Textes, d.h. als einen Effekt der Textstruktur. [...].« de Lauretis (1986), S. 261.

tionsmöglichkeiten und der von seinem Schöpfer implizit manifestierten Intentionen« hergestellt wird.

Der Ansatz Ecos beraubt sich durch das Festhalten an einem traditionellen Kunstwerk- und Schöpferverständnis seines innovativen Potentials.

Gibt es alternative Lesarten, die die Offenheit und Unbestimmtheit produktiv zu machen verstehen? Lesarten, denen sie nicht nur als ein möglichst geschickt zu umgehendes »Problem« erscheinen?

Läßt sich die kreisende, kursierende, nicht fixierbare Bewegung der Linie, das nicht be-zeichnende Zeichnen im Sinne Lacans lesen? Als eine »Realisierung der Nichteinholbarkeit des Begehrens«?

Die Unbestimmtheit als der »Rest«, als das, was – so Lacan – im Sprechen nicht aufgeht. Lacan verweist, wie Ute Baumgärtel es ausdrückt, auf das,

> »was das Begehren unaufhörlich motiviert, auf das ewig verlorene Objekt a. In den Brüchen scheint dieses Objekt auf (um mit Lacan zu sprechen) ohne daß es signifikant faßbar wäre. [...] Es liegt nach Lacan in der Natur der Sache, daß sich weder das verlorene Objekt fixieren noch das Begehren stillstellen läßt, konstituieren sich doch beide in jener grundlegenden Trennung zwischen Subjekt und Objekt / Mutter und Kind / Körper und Zeichen, in eben der Trennung, die das Wesen der Sprache als radikale Heterogenität von Signifikant und Signifikat exemplarisch aufweist.«[12]

Gibt die Psychoanalyse Lacans möglicherweise ein geeigneteres theoretisches Instrumentarium an die Hand, der scheinbar endlos kreisenden Bewegung der Linie zu begegnen?

Eine Federzeichnung aus dem Jahr 1956 (Abb. 8) konfrontiert die BetrachterIn unvermittelt mit einem vom Zentrum aus über das Blatt wuchernden, faserigen Gewebe. Man verliert sich im Reich mikroskopischer Kleinstformen, man irrt durch ein unüberschaubares, filigranes

12 Baumgärtel (1998), S. 29.

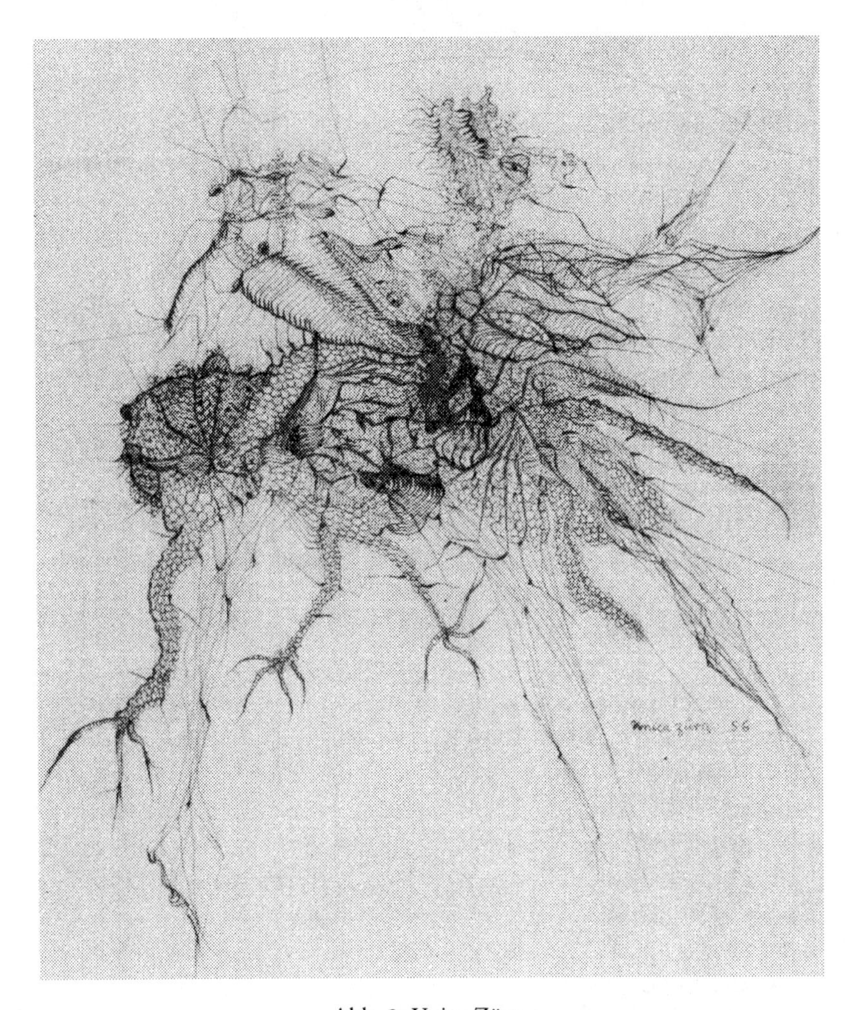

Abb. 8: Unica Zürn,
Federzeichnung, Tusche, 25,0 x 22,0 cm,
signiert und datiert, *Unica Zürn 56*, Privatbesitz Christine Claussen

Formen- und Liniengespinst. Unvorhersehbar und variabel bewegt sich die Linie über das Blatt. Betont gerade verlaufende Linien gehen ganz unvermittelt in ein Feld gehäkelt oder schuppig anmutender Schlingen über, während an anderer Stelle weiche, wehende Striche abrupt von einer extrem geordneten, gleichförmigen Struktur abgelöst werden.

Immer wieder, ohne Unterlaß, ändert sich die Richtung, der Duktus. Scheinbar ungebunden bewegt sich die Linie, mal zögerlicher, mal selbstbewußter, ihr eigenes Tun reflektierend.

Die Zeichnung spielt mit den Assoziationen der BetrachterIn. Mal ist es ein haariges Insektenbein, das man zu erkennen glaubt, dann der Flügel einer Fledermaus, während die Krallenfüße wiederum den Gedanken an ein Reptil nahelegen.

Insgesamt läßt sich aber feststellen, daß derartige Vergleiche, die dem Betrachter unversehens durch den Kopf huschen, kurzlebige Andeutungen bleiben, sie verfestigen sich an keiner Stelle zu einem festen Vorstellungsbild oder einem bleibenden Eindruck, sie tauchen auf, um sich im nächsten Moment schon wieder zu verflüchtigen und zu entschwinden.

> »Die Variationen«, so eine Deutung aus kunsthistorischer Perspektive, »entfalten sich in geradezu unausschöpflicher Vielfalt, wie die Natur in unausschöpflicher Vielfalt immer nur das Ähnliche und nie das Identische hervorbringt. An die Natur denken wir, wenn wir die Gesamtform sehen – an das Grätengerüst eines Fisches, an die Wirbel eines Rückgrates – und doch wissen wir, daß solche Vergleiche hinken.«[13]

Der Eindruck, daß die Vergleiche »hinken«, entsteht meines Erachtens, weil es hier gar nicht darum geht, daß die BetrachterIn einen Fisch, eine Libelle oder einen Skorpion *identifiziert*. So wie die Arbeiten kein reproduktives Verhältnis zur Wirklichkeit herstellen, soll sich auch der Blick in einem offenen, unbestimmten »Zwischenreich zwischen Gegenständlichkeit und Abstraktion, Erfahrung und Erfindung, Erinnerung und Vorstellung, Realität und Phantasie«[14] bewegen. Im Ringen der changierenden Deutungen, im potentiell endlosen Prozeß des sich Aneignens und Verwerfens der Formen, auf dem dünnen Grat zwischen Bedeutungszuweisung und Bedeutungsvielfalt und verunsichert von dem Noch-nicht oder Schon-nicht-mehr der vorliegenden Formen entsteht

13 Rathke (1985), S. 13.
14 Adolphs (1996), S. 11.

eine Form der Betrachung, in der das tatsächliche *Bild* in hohem Maße Anhaltspunkt und Auslöser für das Spiel der unvorhersehbaren Bilder im Kopf der BetrachterIn wird.[15]

Treffender wäre es vielleicht zu sagen: Die Linie in den Zeichnungen von Zürn ist eine permanente Anspielung.[16] Immer wieder gibt sie vor, etwas zu bezeichnen, um sich dann im letzten Moment davon abzuwenden, einen neuen Ton anzuschlagen oder einen anderen Duktus zu wählen. Und immer wieder werden auf diese Weise neue Anspielungsfelder eröffnet.

15 Um darzulegen, wie fundamental ein solcher Perspektivenwechsel die ›Lesart‹ der Bilder verändert, soll an dieser Stelle noch einmal auf den Beitrag von Luce Irigaray Bezug genommen werden, in dem die biographische Herangehensweise vielleicht ihre radikalste Zuspitzung erfahren hat. In ihren Text heißt es: »Die ganze Zeichenführung von Unica Zürn drückt eine Beziehung zur Leere aus, ein Angezogensein von einem Auseinanderklaffen, das schwerer wiegt als jede Materie. Die Schwere des Körpers, der Körper wird nur in der Verlagerung, der Fragmentierung, der Zerissenheit des Fleisches und der Welt gesucht und gefunden. [...] es muß ihr vielmehr gelingen, mit dieser Materie, die sie [die Frau, Anm. H. L.] ist, schöpferisch umzugehen, indem sie ihre eigene Morphologie entdeckt und darstellt. Wenn sie kein Bild von sich selbst schafft und formt, läßt der Mann sie im Abgrund all dessen, was er von der Frau und Mutter nicht weiß, verschwinden. Wir können nicht reine Reflexe oder zweidimensionale Körper bleiben [...] Immer der Abgrund, das Loch, die Faszination eines Fensters, welches sich in die Leere öffnet, vor allem durch das Fehlen einer dritten, vierten, n-ten Dimension. Wir sind Volumen und wir begegnen, erzeugen und schaffen Volumen. Wir können nicht eine unbestimmte Abfolge von Bildern bleiben. Sie sind nicht von Dauer, eines dient nur dazu, das andere oder die anderen zu verschlingen, sie zu konsumieren [...]« (Irigaray (1987), S. 141–144) Liest man die vorliegende Passage noch einmal *neu*, d.h. herausgelöst aus ihrem biographischen Argumentationszusammenhang, so sieht man, daß Irigaray zwar die wahrnehmungsästhetischen Phänomene wie z.B. die »unbestimmte Abfolge von Bildern« an sich treffend beschrieben hat, den damit aber unlösbar verknüpften Wahrnehmungsvorgang unbeachtet läßt. Mit anderen Worten, ›der Abgrund, das Loch‹ etc. werden so beschrieben, als wären sie in den Bildern tatsächlich existent und dargestellt und als wäre die RezipientIn der Wirkung schonungslos und passiv ausgesetzt. Die Unbestimmtheit der Linien, das Fehlen der Illusion von Ganzheit und Identität, einer vorgegebenen, scheinbar greifbaren weil dreidimensionalen körperlichen Form, die von der Autorin ja auch als Herausforderung oder als spielerisches Angebot hätte begriffen werden können, wird hier vollständig auf die Person

Genau dieser *bedeutungseröffnende* Aspekt der Linie läßt sich mit der defizitär strukturierten Bewegung des Begehrens bei Lacan nicht in einen produktiven Zusammenhang bringen. Genauer gesagt: Die BetrachterIn mit ihrem Begehren, ihrem Kontext, ihren Codes kann in der dualen Struktur, in der das zeichnende Subjekt sich zwischen Mangel und Begehren zu positionieren sucht, nicht verortet werden.[17]

Andere psychoanalytische Vorstellungen erscheinen in diesem Zusammenhang gewinnbringender. Die Unterscheidung von D. W. Winnicott zwischen »game« (dem streng geregelten Spiel) und »play« (dem sich frei entfaltenden Spiel)[18] aufnehmend, könnte man ebensogut sagen,

Zürns und auf ihre Krankheit zurückprojiziert und als Mangel beschrieben. Die Interpretation täuscht somit darüber hinweg, daß »die Leere«, »das Auseinanderklaffen«, »die Zerrissenheit und Fragmentierung der Form« nicht den Zeichnungen bzw. ihrer Struktur inhärent sind, sondern Teil der »Abfolge von Bildern«, die ihr, Irigarays, eigenes Verhältnis zu den Zeichnungen kennzeichnet. Damit wird sie den Arbeiten Zürns nicht gerecht – wie ich an anderer Stelle bereits dargelegt hatte (vgl. Kap. 3.2., S. 31 ff.), weil die Kategorien, mit denen sie arbeitet (Betrachterstandpunkt, Perspektive, romantisches Schönheitsideal etc.) an ein herkömmliches Bildverständnis gebunden bleiben, also genau an das, was die Zeichnungen aufzulösen trachten; sie gehen darüber hinaus fehl, indem sie das besondere Verhältnis, was sich zwischen Betrachter, Bild und Inhalt in den Arbeiten entspinnt, unbeachtet lassen. Irigaray vermag den Umstand, daß die Linie an jedem Punkt von der Mehrdeutigkeit der Zeichen spricht, nur im Sinne eines Mangels, des Fehlens einer Schwelle, als die mißlungene Suche nach Identität – kurz, als Geburtslücke zu deuten. Der »Rollentausch«, der hier vorgenommen wird, in dem die RezipientIn in starkem Maße erzeugt, was sie sieht, wird nicht zur Kenntnis genommen.

16 Ein 1963 erschienener Artikel Jean-Paul Sartres, der in der kunsthistorischen Forschung weitgehend unbeachtet geblieben ist, kreist ebenfalls um diesen Punkt. Sartre schreibt dort: »Diese Zweideutigkeit geht mich an, und deshalb beunruhigt sie mich unaufhörlich. [...] zweifellos gehen die Pole der Widersprüchlichkeit eher ineinander über, als daß sie sich scharf gegenüberstehen [...], aus diesem Grund entzieht sich die Sache auf dem Aquarell der sinnenden Betrachtung. Sie sehen heißt sie erzeugen und erwarten, sich teilen zwischen einer vorläufigen Ablehnung und einer faszinierten Annahme.« Jean-Paul Sartre: »Finger und Nicht-Finger«, in: Haftmann (1963), S. 142.

17 Jacques Lacan: »Das Drängen des Buchstabens ...«, in: Schriften II, Weinheim/Berlin 1991, 3. korrigierte Auflage, S. 41.

18 Vgl. Roland Barthes, »Cy Twombly oder Non multa sed multum«, in: Ders., Der entgegenkommende und der stumpfe Sinn, Frankfurt/M. 1990, S. 179.

daß die Zeichnungen Zürns dem »play« zuzuordnen sind. Oder besser noch dem »playing«:

> »In einer zweiten Phase seines Ansatzes geht Winnicott vom noch zu starren play zum playing über. Das Reale ist für das Kind – und für den Künstler – der Prozeß der Handhabung, nicht das produzierte Objekt (Winnicott ersetzt die Begriffe systematisch durch die entsprechenden Verbalformen: fantasying, dreaming, living, holding usw.) [...] sein Werk entspricht nicht einem Begriff (trace), sondern einer Aktivität; oder noch besser: einem Feld (dem Blatt), insofern sich darauf eine Aktivität entfaltet. Nach Winnicott verschwindet beim Kind das Spiel zugunsten seines Umfeldes; bei TW verschwindet die Zeichnung zugunsten des Umfeldes, das sie bewohnt, mobilisiert, bearbeitet, umgräbt – oder ausdünnt.«[19]

In besonderem Maße machen die verschiedenen (einander sehr ähnlichen) »Gesichterbilder« diese Wendung vom »Begriff« zur »Aktivität« sichtbar (vgl. Abb. 3). Die Betrachtung eines dieser Blätter, das sich im Nachlaß befindet, macht deutlich: »Das Gesicht«, jenes gewöhnlich so feststehende und selbst in kubistischen Bildern noch in gewisser Weise festumrissene Objekt der Darstellung, ist im Rahmen des kreisenden und immer wieder über- und umschreibenden Spiels der Linie zu unzähligen Gesichtern geworden, zu etwas, was sich nicht als eines erfassen läßt. Andeutungen von Gesichtern, die mit jedem Strich verschiebend immer wieder neu entworfen, gesetzt und überschrieben werden. Bei keinem der Gesichter, die man hinein- oder herausliest, handelt es sich um das eigentliche Gesicht, um *das* Gesicht, das eigentlich gemeint war, ein »Original«, weil jeder Strich wieder ein neues Möglichkeitsfeld eröffnet oder, genauer gesagt, unendlich viele Möglichkeiten eröffnet, die bereits vorhandenen Teile miteinander in Bezug zu setzen.

Der Kritiker wird hier unversehens seiner herkömmlichen Rolle als Richters enthoben, der die künstlerische Arbeit mit einer adäquaten Übersetzung in einen kritischen Diskurs zu beherrschen vermag.

19 Ebd., S. 179–180.

> »Das Bild«, schreibt Roland Barthes, »existiert nur in der *Erzählung*, die ich von ihm wiedergebe; oder: in der Summe und der Organisation der Lektüren, zu denen es mich veranlaßt: Ein Gemälde ist immer nur seine eigene vielfältige Beschreibung.«[20]

Konstatierend, daß die Semiologie das »Zeitalter des Modells, der Norm des Codes, des Gesetzes«[21] verlassen hat, fordert Roland Barthes (mit Bezug auf eine Arbeit von Jean-Louis Schefers) von der Rolle des Kritikers, daß an die Stelle der »Ergebnisse« einer gelehrten Abhandlung die geglückten Transkriptionen treten mögen.

Der Begriff der *Transkription* umfaßt im Fall von Zürn meines Erachtens sehr viel mehr als nur das Verhältnis zwischen KritikerIn und Bild. Er beschreibt zugleich *auch* das Verhältnis der verschiedenen von Zürn verwendeten Ausdrucksformen untereinander. Diese lassen sich durchaus als die *Übertragung der einen Schrift in die andere* lesen.

Vollführt nicht die Linie des soeben beschriebenen »Gesichterbilds« in ihrer ganzen, unzählige Anspielungsfelder eröffnenden Aktivität genau das, was auf der Ebene der Sprache die scheinbar endlose Bewegung des Anagrammierens ausmacht?

Und wirkt die gezeichnete/zeichnende Linie, die die handschriftlichen Anagramme in den Anagramm-Zeichnungen umfährt, nicht wie Transkription, eine »Umschrift« der geschriebenen Zeilen? Man könnte auch andersherum fragen: Muten in dieser Perspektive die handschriftlichen Anagrammzeilen nicht wie eine Art »Lautschrift« an, die sich wie zufällig aus dem zeichnenden Spiel der Linie heraus konkretisiert hat?

Die Arbeiten Zürns stören die »Ordnung der Dinge« (Michel Foucault). Sie erschüttern unser kulturell kodiertes Verständnis vom Verhältnis von »Schrift« und »Zeichnung«, von »Schrift« und »Körper«, von »Autor« und »Text«, indem im Rahmen eines sich permanent verändernden, dynamisierten Schreibens/Zeichnens die etablierten Grenzen immer wieder überschrieben, verschrieben, verwischt und verschoben werden. Die Linie bleibt in Bewegung, sie beschreibt eine Reise, ein

20 Roland Barthes, »Ist die Malerei eine Sprache?« in: ders.: »Der entgegenkommende und der stumpfe Sinn«, Frankfurt/M. 1990, S. 158.

21 Ebd., S. 158.

Abenteuer, eine Suche, die zwar weiß, wovon sie sich absetzt, und doch kein Ziel formulieren kann. Warum? Vielleicht, weil sie im Zeichen jenes scheinbar paradoxen Unterfangens steht, *mit und in der Schrift* (sei es nun eine Bilderschrift oder ein Schriftbild) nach einem ›Außen‹ zu suchen, nach einem Ort außerhalb der repressiven Topik der Sprache, nach jenem Ort, den Barthes mit dem Begriff der »Atopie«[22] umschrieben hat und der auch in Foucaults Begriff der »Heterotopie«[23] aufscheint.

22 Roland Barthes, »Über mich selbst«, Frankfurt /M. 1974, S. 53

23 Michel Foucault, »Andere Räume« in: Karlheinz Barck (Hrsg.) »Aisthesis. Wahrnehmung heute oder Perspektiven einer anderen Ästhetik«, Leipzig 1990. Vgl. auch Michel Foucault, »Die Ordnung der Dinge«, Frankfurt 1974, S. 20.

7. Bild- und Textstrategien Zürns an ausgewählten Beispielen

»Ich träume von Innen und Außen, von Oben und Unten, von Hier und Dort, von Heute und morgen. Und Innen. Außen, Oben, Unten, Hier, Dort, Heute, Morgen vermengen sich, verweben sich, lösen sich auf. Dieses Aufheben der Grenzen ist der Weg, der zum Wesentlichen führt.«
Hans Arp

7.1. Verweisstrukturen am Beispiel der »Hexentexte«

Zehn Anagramme hat Zürn in dem 1954 bei Rudolf Springer erschienenen Heft mit einer gleichen Anzahl von eigenen Zeichnungen in Verbindung gebracht.[1] Auf den fast quadratisch anmutenden Seiten des kleinen Heftes erscheint die Zeichnung stets auf der linken, das ihr zugeordnete Anagramm auf der gegenüberliegenden Seite. Wenn Hans Bellmer sich in dem von ihm angefügten Nachwort zu den »Hexentexten« auch ausschließlich zur Textpraxis des Anagrammierens äußert und die Zeichnungen an dieser Stelle mit keinem Wort erwähnt, so fällt dem Betrachter der *Zusammenhang* von Text und Bild doch ins Auge.

Dennoch ist in der Forschungsliteratur der Umstand, daß Zürn immer wieder und auf unterschiedliche Weise ihre Texte mit eigenen Zeichnungen in Verbindung gebracht hat, bislang nie ausführlicher thematisiert worden.

1 Die »Hexentexte« erschienen am 22. Dezember 1954 in einer Auflage von 140 Exemplaren. Die Exemplare 1 bis 30 sind von Zürn handsigniert; zugleich ist ihnen eine kleine Zeichnung von Bellmer beigefügt. Es handelt sich dabei um ihre erste Publikation. Ich beziehe mich an dieser Stelle auf das Exemplar Nr. 56 aus dem Nachlaß. Zwei der Originalvorlagen, die Zeichnung zum Anagramm »Alle guten Geister« und zu »Bibi ist eine welsche Hexe« haben sich erhalten und befinden sich in der Galerie Elisabeth Kaufmann in Basel. Letztere ist signiert und auf das Jahr 1953 datiert.

»Ihre Texte und Bilder sind nur zusammen lesbar«, heißt es im Vorwort des soeben erschienenen Katalogs der Zeichnungen, allein dieser Hauch von Öffnung wird noch im selben Satz wieder zunichte gemacht, indem er mit den Worten schließt, »als der Versuch, das Rätsel *ihrer* [Unica Zürns, Anmerkung H. L.] Verstrickung zu lösen«.[2]

Es sind verschiedene Gründe denkbar, die die völlige Vernachlässigung dieses Aspekts erkären könnten: Zum einen liegt es sicher daran, daß unsere Wahrnehmung von Wort-Bild-Verhältnissen durch eine jahrhundertelange Unterordnung des Bildes unter den Text nachhaltig geprägt worden ist, so daß sich der Blick für andere Formen als die der Illustration im weitesten Sinne erst allmählich herauszubilden und zu schärfen beginnt. Klaus Discherl schreibt 1993 anläßlich eines Kolloquiums zum Dialog von Wort und Bild:

> »Die künstlerischen Avantgarden zu Beginn des Jahrhunderts befreiten die Malerei endgültig aus der Zwangsjacke mimetischen Nachvollzugs von Wirklichkeit und damit aus ihrer jahrhundertealten Abhängigkeit von der Literatur. [...] An die Stelle des Konvergenzstrebens im Mit- und Gegeneinander von Bild und Text tritt nun ein neues Verhältnis, in dem beide als gleichberechtigte Partner begriffen werden. Divergenz wird nicht mehr als Ausdruck von Rivalität begriffen, die letztlich einzuschmelzen ist, sondern als Vielfalt der Möglichkeiten, die sich gegenseitig dynamisieren.«[3]

Eine solche Einschätzung stellt theoretisch gesehen zwar keineswegs Neuland dar, am Beispiel Zürns zeigt sich jedoch, daß die zahlreichen Untersuchungen zur Interaktion von Wort und Bild, die gerade in den letzten Jahren erschienen sind, am konkreten Fall, wie die Rezeption der Arbeiten Zürns verdeutlicht, häufig noch nicht umgesetzt werden.[4]

2 GA Z, S. 5.
3 »Bild und Text im Dialog«, hrsg. von Klaus Discherl, Passau 1993, S. 22.
4 Vgl. hierzu: Judi Freeman: Das Wort-Bild in Dada und Surrealismus, München 1990; Elisabeth Hirschberger: Zu Dichtung und Malerei im Dialog. Von Baudelaire bis Eluard, von Delacroix bis Max Ernst, Tübingen 1973; W. Harms (Hrsg.): Text und Bild – Bild und Text, Stuttgart 1990.

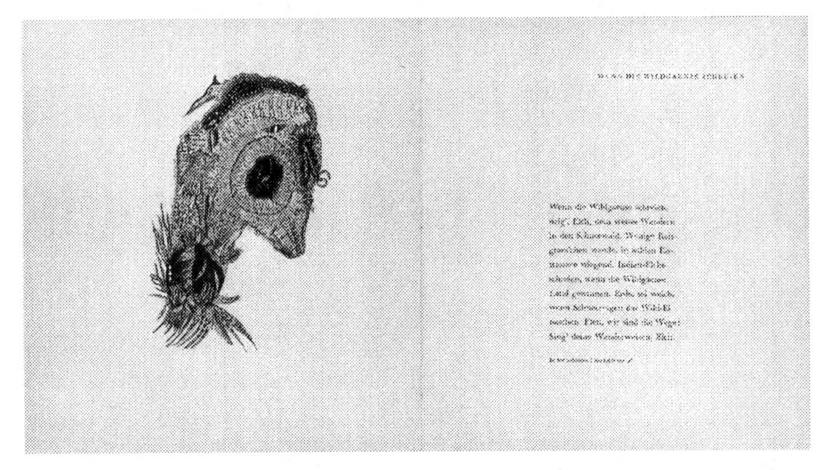

Abb. 9: Aus: Unica Zürn, *Hexentexte*,
Zehn Zeichnungen und zehn Anagramm-Texte,
mit einem Nachwort von Hans Bellmer,
140 Exemplare, Galerie Springer 1954, Exemplar Nr. 56

Wendet man sich nun konkret den »Hexentexten« zu, so fällt zunächst auf, daß die Anagramme und Zeichnungen von gleichermaßen kleinem Format sind. Sie füllen die Seite keineswegs aus, so wie auch der Bezug zu den Grenzen der Seite keine zentrale Rolle zu spielen scheint. In den Zeichnungen vermag der Kontur die lebhafte, stark variierende Binnenzeichnung bisweilen nur mit Mühe zu bändigen, es entsteht der Eindruck von energiegeladener Dichte und Geschlossenheit der Form. Auf diese Weise treten die gezeichneten Formen als Ganzes in ein spannungsreiches Verhältnis zu den Textblöcken der gegenüberliegenden Seite.

Ein fast illustrativ zu nennender Bezug zwischen Ausgangszeile/Anagrammgedicht einerseits und der Zeichnung andererseits ist nur in einem Fall – und auch dort nur andeutungsweise – gegeben. Dem Anagramm »Wenn die Wildgänse schreien« ist die Darstellung eines fedrig anmutenden Kopfes mit riesigen Augen und einer schnabelähnlichen Form gegenübergestellt, in die man – wenn man die Ausgangszeile des Gedichts gelesen hat – sofort den Kopf einer Gans hineinsehen wird. (Abb. 9)

In allen anderen Fällen ist das Verhältnis jedoch von strukturell an-

Abb. 10: Aus: Unica Zürn, *Hexentexte*,
Zehn Zeichnungen und zehn Anagramm-Texte,
mit einem Nachwort von Hans Bellmer,
140 Exemplare, Galerie Springer 1954, Exemplar Nr. 56

derer Art. Gleich die Titelseite macht die Form der Bezugnahme augenfällig. (Abb. 10)

Eine geschwungene, langgestreckte und in der Mitte sich bauchig auswölbende Form ist mit zahlreichen waagerecht angeordneten Extremitäten versehen, die wie Tentakelarme in den Raum greifen. Die Abstände und die Regelmäßigkeit, mit der sie übereinander angeordnet sind, nehmen zugleich spielerisch Bezug auf die Verteilung der gedruckten Zeilen der gegenüberliegenden Seite. Es ist vor allem das unterste und oberste Extremitätenpaar, das unmißverständlich auf diesen Umstand verweist, indem Länge und Breite des gegenüberliegenden Schriftzuges ziemlich genau aufgegriffen werden.

»Unica Zürn« steht ganz oben, während die Zeilen:

Hexen
Texte
Zehn Zeichnungen
Zehn Anagramm-Texte
Mit einem Nachwort
von Hans Bellmer

durch die Verwendung unterschiedlicher Schrifttypen eine der Zeichnung vergleichbare bauchige Form ergeben.

Das dargestellte Fabelwesen der Zeichnung erfährt durch diesen Bezug eine Verwandlung: Es bleibt nicht allein ein unbekanntes Geschöpf, das eher zufällig der Phantasie entsprungen ist, sondern wird eingebunden, wird zu einem sehr entfernten »Gegenbild« des gedruckten Textes, wird folglich Textbild, an dem der Hexenzauber des Anagrammierens in anderer Weise sichtbar wird.

Die Linie der Zeichnung, die hier unübersehbar ihre Verwandschaft mit der Schrift ausspielt, bewegt sich unermüdlich, bildet manchmal Kreise, um sich einen Moment später zu schuppenartigen Gebilden oder einem blumenartigen Ornament zusammenzulegen. So wie die Zeilen des Anagramms Signifikanten*ketten* darstellen, die sich zu immer wieder neuen Sätzen zusammenfügen, so verfestigt sich auch die gezeichnete Linie an keiner Stelle zu festem Sinn, zu etwas eindeutig Erkennbarem, sondern sie ergeht sich im Rahmen des festumrissenen Konturs in einem schier unerschöpflichen Spiel der Formen. Auf diese Weise gilt für die Zeichnungen im Rahmen eines anderen Mediums, was Bellmer im Nachwort über das Finden von Anagrammen sagt:

> »Es handelt sich hier um Sprachbilder, [...] die nicht erdacht oder erschrieben werden können. Sie treten plötzlich und wirklich in ihre Zusammenhänge hinein, strahlen nach vielen Deutungen hin, schlingen Schleifen nach benachbartem Sinn und Klang, facettenreich wie ein spiegelnder Vielflächner, wie ein neuer Gegenstand. Beil wird Lieb' und Leib, wenn die eilige Steinhand darüber hingleitet; ihr Wunder reitet auf dem Besen mit uns davon.«[5]

Die Zeichnungen und Anagramme der »Hexentexte« konfrontieren die BetrachterIn mit einer strukturell vergleichbaren Problematik: Beide geben keine eindeutig identifizierbaren Sinnstrukturen vor, sondern eröffnen ein vieldimensionales Geflecht von Verweisen und Bezügen.

Die Tatsache, daß die Anagramme die Instanz des Autors auf radikale Weise in Frage stellen, ist in der Forschungsliteratur zum Anagramm

5 Zürn: »Hexentexte«, Nachwort von Hans Bellmer

verschiedentlich erörtert worden, sehr viel weniger Aufmerksamkeit hingegen wird dem Umstand gewidmet, daß auch die Rolle und Funktion der LeserIn/BetrachterIn eine tiefgreifende Veränderung erfährt.

Man könnte auch sagen: Das Anagramm wird von der LeserIn in einem aktiven, spielerischen Prozeß mit erzeugt. Handelt es sich bei der Ausgangszeile zumeist noch um einen Rest in einem traditionellen Sinne verständlichen, kulturell kodierten Sprechens, so machen die Bewegungen des Anagrammgedichts eine konsumierende Haltung unmöglich. Indem kein geordneter, vorgefertigter Zusammenhang gegeben ist, sondern Unzusammenhängendes, Ungewohntes und zunächst Sinnloses miteinander verknüpft wird, wird ein aktiver Assoziations- und Lesevorgang notwendig.

Inwieweit nun der von Zürn experimentell erprobte Zusammenklang von Zeichnung und Anagramm diesen Vorgang verändert, dynamisiert, erweitert oder verfestigt, variiert nicht nur von Blatt zu Blatt, sondern ist folglich auch in starkem Maße von der Haltung und spielerischen Lust der BetrachterIn abhängig. Damit ist nicht gemeint, daß Text und Zeichnung im Grunde in einem gänzlich unbestimmten, völlig willkürlichen Verhältnis zueinander stehen. Aber die Bezüge drängen sich an keiner Stelle als zwingend und endgültig auf, stellen nur eine mögliche Lesart, einen von unendlich vielen Bedeutungspfaden dar.

An dem Anagrammgedicht »Bibi ist eine welsche Hexe« und der entsprechenden Zeichnung soll das Gesagte ausführlicher dargelegt werden. (Abb. 11)

Das vierzeilige Gedicht lautet:

He, weiche Leibsnixe biste!
Bibi ist eine welsche Hexe
Biste ein Schixel-Eheweib?
Ei, Besen, wix! Stich Eheleib!

Alle drei das Blatt strukturierenden Elemente (Ausgangszeile / Anagrammgedicht / Zeichnung) lassen die BetrachterIn / LeserIn ohne »Anhaltspunkte« für ein traditionelles Text-Verständnis und damit in einer verunsichernden Situation. So, wie die Form der Zeichnung zwar mit Andeutungen an Körperformen spielt, ohne dabei etwas Faßbares,

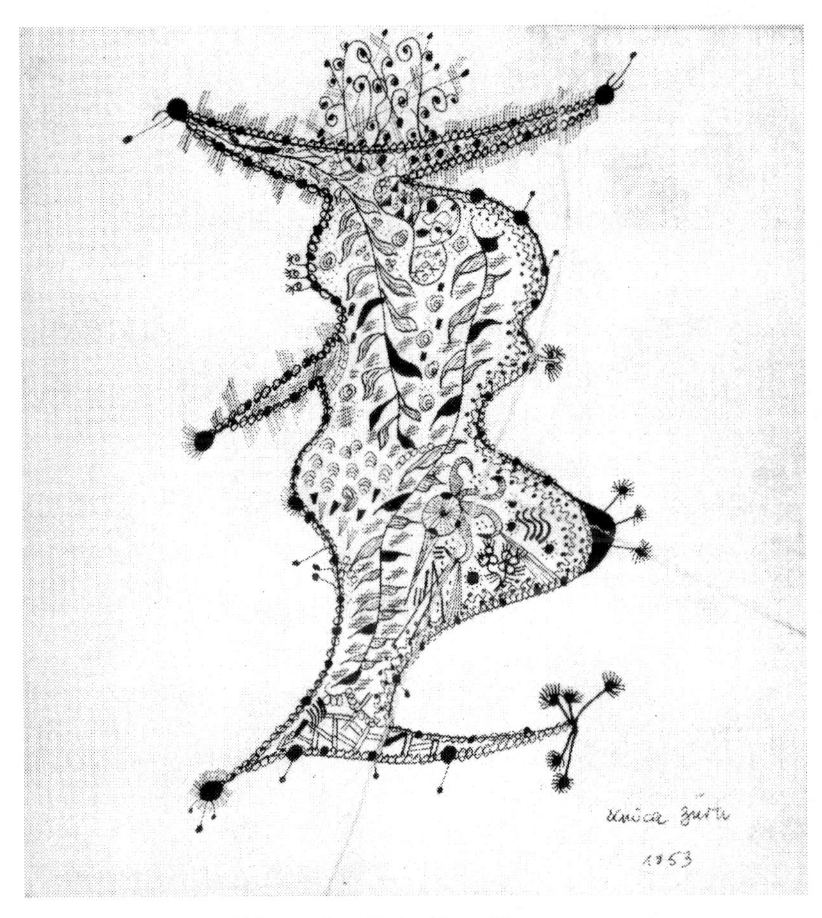

Abb. 11: Aus: Unica Zürn, *Hexentexte*,
Zehn Zeichnungen und zehn Anagramm-Texte,
mit einem Nachwort von Hans Bellmer,
140 Exemplare, Galerie Springer 1954, Exemplar Nr. 56

Konkretes abzubilden, gerät man auch zwangsläufig darüber ins Rätseln, wie der Inhalt des Gedichts zu lesen sei und welchem Kontext der Titel »Bibi ist eine welsche Hexe« entstammen könnte.

Die Zeilen des Anagramms erzeugen, bedingt durch die distanzlose Anrede »He« wie auch durch die mit Fragezeichen und vor allem Ausrufezeichen markierten Sätze, eine lebendige, geheimnisvolle Atmosphäre, die an eine Verschwörung, vielleicht auch an ein aufgeregtes Gespräch denken läßt. Wenn die Sätze untereinander auf Anhieb keinen kausalen Zusammenhang erkennen lassen, so erzeugt die Häufung oder Wiederholung bestimmter syntaktischer Elemente dennoch einen charakteristischen Eindruck: Das »biste«, das einmal mit Fragezeichen, einmal mit Ausrufezeichen versehen ist, legt ebenso wie das »ist« in der zweiten Zeile den Gedanken nahe, daß es hier um Zuschreibungen, um Behauptungen, um Beschuldigungen geht. Es geht darum, herauszufinden, was Bibi *ist* oder was sie eben nicht ist. Die Verschränkung von Körper-, Weiblichkeits- und Hexenmetaphern durchzieht das Gedicht (»*weiche Leibsnixe*«, »*Hexe*«, »*Schikse*«, »*Eheweib*«, »*Besen*«, »*Eheleib*«). Diese finden auch in der Zeichnung mögliche Entsprechungen: Durch die zaghaften, kräuseligen Linien, die der bauchigen Gesamtform am oberen Rand »entwischen«, wird man mühelos einen kochenden Hexenkessel hineinlesen, so wie die Rundungen und Bögen des wie mit kleinen Perlen besetzten Außenkonturs zugleich den Gedanken an Körperliches enthalten.

Letzteres wird noch deutlicher, wenn man die gezeichnete Form mit einer von Zürn nur wenige Jahre später gestalteten Postkarte – meines Wissens die einzige, die sich von einer ursprünglich vermutlich recht umfassenden Sammlung erhalten hat – vergleicht. Auch hier hat Zürn auf eine vergleichbar amorphe Form zurückgegriffen, um einen weiblichen Körper zu gestalten.[6] (Abb. 12)

Während die Figur auf der Postkarte jedoch durch einen Kopf, ein schwarzes Herz und brustwarzenähnliche Formen genauer bestimmt ist, bleibt die der »Hexentexte« insgesamt vage und unbestimmt.

6 In »Die Begegnung mit Hans Bellmer« schreibt Zürn, daß sie in den ersten Jahren in Paris zahlreiche, zum Teil auch bewegliche Postkarten hergestellt hat. Sie führt aus: »Die erste Postkarte, die sie macht, ist eine Frauengestalt ohne Kopf, mit schön geschwungenen Hüften, deren inneres Leben sich in ihrem Bauch abspielt. Dieser Bauch besteht aus einer Drehscheibe, auf der verschiedene Bilder in Farben gemalt sind. In einem ausgeschnittenen Loch erscheint beim Drehen je ein Bild. [...] die Frau, deren Gedanken sich in ihrem Bauch abspielen, ist für Ernst Schröder bestimmt.« Vgl. GA 5, S. 150. Da sich die von mir zum Vergleich herangezogene Postkarte noch immer im Besitz der Familie Ernst Schröders befindet, liegt es nahe anzunehmen, daß sich die Beschreibung Zürns auf ebenjene Karte bezieht, auch wenn Zürn von einer weiblichen Figur ohne Kopf spricht.

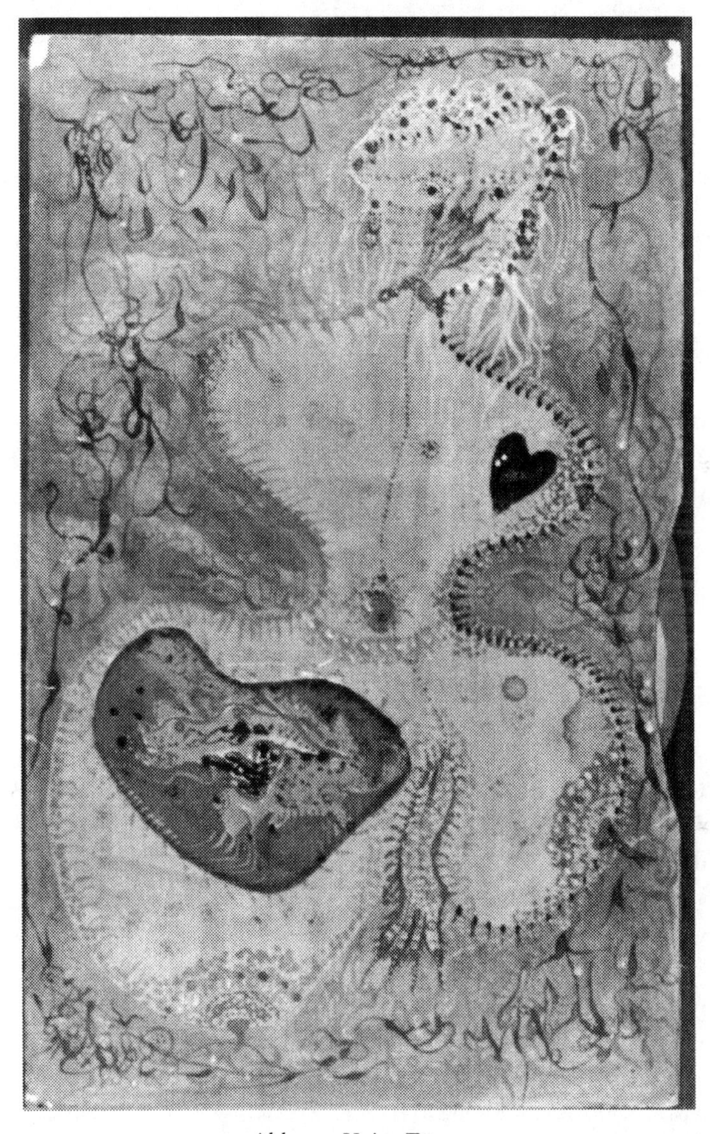

Abb. 12: Unica Zürn,
Federzeichnung, Collage, handgefertigte, bewegliche Postkarte
mit Drehscheibe, 90,0 x 13,6 cm,
Rückseite: postalische Angaben und Briefmarke,
mit der Aufschrift versehen, *Paris 56 au cher Duprat (Marc) avec ses amitiés*2
Privatsammlung

Der Begriff »welsch«, der bereits in der Ausgangszeile des Anagramms auftaucht, eröffnet eine weitere Perspektive. Er ist von »Rotwelschen« abgeleitet, das seit dem späten Mittelalter die geheime Sprache der Landstreicher, Zigeuner und Gauner bezeichnet. In der Brockhaus-Enzyklopädie heißt es:

»›Rot‹ bedeutet wohl ›Bettler‹, ›Vagabund‹, ›welsch‹ signalisiert ›schwerverständlich‹, ›fremd‹, (entsprechend ›Kauderwelsch‹) Als wesentlich gruppeninternes, auf Verhüllung abzielendes mündliches Kommunikationsmittel ist besonders älteres Rotwelsch nicht umfassend, sondern meist einseitig aus kriminalistischer Außensicht untersucht worden. Besonderheiten des Rotwelsch sind v. a. in Wortschatz, Wortbildung und Idiomatik, kaum jedoch in der Grammatik zu erkennen. [...] In Gestalt der ›*Zinken*‹ (Bildsymbole, ursprünglich mittelalterlichen Haus- oder Steinmetzzeichen ähnlich) entwickelten Rotwelsch-Sprecher eine rudimentäre eigene Schriftlichkeit.«[7]

Über die weitreichende Verbindung des Rotwelschen mit dem Jiddischen heißt es im Jüdischen Lexikon ergänzend:

»Das Rotwelsch ist ein seit dem 16. Jahrhundert nachweisbares Gemisch aus ober-süddeutschen und jiddischen, früher auch romanischen Wörtern und solchen aus der Zigeunersprache, von den lichtscheuen Elementen geschaffen und gebraucht, um nicht verstanden zu werden; zu diesem Zwecke sind alle Wörter noch weiter sehr entstellt. Der eigentliche Sprachcharakter ist vollkommen germanisch. Daß man hebräische Wörter mit Vorliebe wählte, lag nahe: einerseits war diese Sprache der nichtjüdischen Welt ganz fremd, andererseits konnte man sich an den Sprachgebrauch der im Lande lebenden Juden bequem anschließen; endlich hatte das Hebräische eine gewisse Internationalität, die den wandernden Gaunern zustatten kam.«[8]

7 Brockhaus-Enzyklopädie, 24 Bände. Neunzehnte Auflage, Mannheim, 1992, Bd. 18, S. 594–595

8 Jüdisches Lexikon, Vier Bände, Berlin 1930, Band IV.1, S. 1520.

Das Anagrammgedicht Zürns erscheint, betrachtet man es vor dieser »kulturhistorischen Kulisse«, in einem anderen Licht. Indem nicht nur der Begriff »welsch« eindeutig dieser Geheimsprache entstammt und auf diesen Kontext verweist, sondern auch das Wort »Schixsel« (entsprechend Schicksel) dem Rotwelschen entnommen ist und soviel wie »Vagabundin« bedeutet,[9] verstärkt sich bei der LeserIn der Eindruck, daß man dem Gemurmel einer geheimen Zusammenkunft lauscht, wo über das Schicksal einer weiblichen Protagonistin – ist es Bibi? – kurz und schmerzlos entschieden wird.

Interessant ist also, auf welchen Bereich sich in diesem Anagramm die dunklen Machenschaften einer wie auch immer gearteten »Randgruppe« beziehen bzw. übertragen werden. Wie unschwer zu erkennen ist, handelt es sich ja gerade nicht um einen Gaunerbetrug, einen geplanten verbrecherischen Überfall oder einen Geldraub im »üblichen« Sinne.

Motiv und Ort des Geschehens sind gleichermaßen der weibliche Körper. Eine geschickte Dramaturgie kennzeichnet so etwas wie den »Aufbau« des überaus kurzen Gedichts. Während die Bezeichnung »weiche Leibsnixe« noch vergleichsweise harmlos anmutet, indem sie etwas Nebelhaft-Unbestimmtes und Geschlechtsloses beschreibt, ein Geschöpf, dessen Zauber davon lebt, daß man es eben gerade *nicht* zu Gesicht bekommt und folglich kaum etwas darüber zu sagen weiß, so erfolgt in den darauffolgenden zwei Zeilen über die Beschuldigung als »welsche Hexe« und vor allem als »Schixel-Eheweib« eine dramatische Bewegung, bis der Besen schließlich zusticht und die Spannung auflöst. Der Aufbau des Gedichts legt nahe, daß die hier vorgenommenen Zuschreibungen (»Leibsnixe«, »welsche Hexe« und »Schixel-Eheweib«), indem sie dem Zustechen des Besens vorausgehen, die Tat motivieren, die an diesem weiblichen Körper ausgetragen wird.

Wer hier das *Andere*, die aus dem Verborgenen agierende dunkle Straf-Instanz darstellt, bleibt unbenannt. Sosehr der Besen zwar traditionellerweise den Hexen selbst zugeordnet ist, besitzt der wixende, stechende Besen hier doch unleugbar und vor allem phallischen Charakter.

9 Ebd., Band IV.2, S. 1266.

Allein *was* verurteilt wird, davon bekommt die LeserIn ein recht klares Bild: das Vagabundieren, das sich nicht mit dem Eheleib des Eheweibs verträgt, ebenso wie das geheime Wissen der Hexe und die Unbestimmtheit der Nixe.

Der Zusammenhang von Körper und Sprache wird auf eine fast raffiniert zu nennende Weise sichtbar gemacht. Wenn es zum einen die anagrammatische Textpraxis ist, die den (immer schon) sprachlich verfaßten Körper auflöst und zerlegt, so erfährt dieser Zusammenhang im vorliegenden Anagrammgedicht auf der inhaltlichen Seite durch die dort formulierten verbalen ›Angriffe‹ eine eigentümliche Verdopplung. In dem abschließenden »Stich Eheleib!« wird das Symbolische unmittelbar, fällt der beschriebene ›Mord‹ am weiblichen Körper mit dem, was sich auf der Ebene der Zeichen vollzieht, zusammen.

Genialisch und überraschend wird mit dem plötzlichen »Stich Eheleib!« der Bewegung des Textes ein abrupter und dramatischer Schluß gesetzt. Eine Mord hat stattgefunden, aber so schnell, gleich einem bösen Zauber, daß man verwirrt innehält.

Parallel zu dieser Lesart erfährt auch die Wahrnehmung der Zeichnung eine Bedeutungsverschiebung/-veränderung. Genauer gesagt: Die verschiedenen Bedeutungsfelder, die der Text eröffnet (und die sich bereits bei jeder Re-Lektüre wieder verschieben), beeinflussen ganz entscheidend auch die Wahrnehmung der Zeichnungen. So läßt sich (im Anschluß an die hier vorgelegte Lesart) die gezeichnete Form nicht mehr nur als jene weiche, entfernt körperliche Form lesen, die die Unbestimmtheit der im Text verhandelten weiblichen Figur spiegelt, sie fügt sich selbst zu einem »Zinken«, zu einem jener Geheimschriftzeichen, mit deren Hilfe sich die Eingeweihten untereinander zu verständigen pflegen. Erneut stößt man auf das Phänomen einer anderen, für den Betrachter unlesbaren Schrift, auf die sichtbaren Spuren einer anderen *Schriftlichkeit*.

Text und Bild erscheinen hier *gleichermaßen* als unabgeschlossene, metonymische Ketten, als die widersprüchlichen, ambivalenten Artikulationen eines Subjekts, die im Rahmen der potentiell endlosen De- und Rekombination der Signifikantenkette gegenseitig immer wieder überformt und verschoben werden, ohne daß jedoch die Heterogenität des Begehrens in Dichotomien aufgelöst wird: So, wie sich in der »Leibsnixe«, der »welschen Hexe« und dem »Schixsel-Eheweib« das Begehren artikuliert und doch nicht fixiert werden kann, so fügt sich auch der Kontur der Zeichnung zu keiner eindeutigen, bestimmbaren weiblich konnotierten Form, sondern eröffnet mit jeder Relektüre neue Assoziationsfelder.

Hans Bellmer hat das Anagrammieren in dem von ihm beigefügten Nachwort mit »dem vielstimmigen Gemurmel der Sprache hinter dem Gesagten« verglichen. Es ist genau dieses Gemurmel, das hier in Szene gesetzt wird. Es ist der »Mord am Weiblichen«, den Zürn mit dem beschwörerischen und gespenstischen Hexenspuk dieses kurzen Anagramms künstlerisch umzusetzen gewußt hat.

Aus dieser Perspektive erscheint es auch geradezu zwingend, daß das »Weibliche« auf der Ebene der Zeichen ungenannt bleibt, obwohl es doch im Buchstabenmaterial enthalten ist. Das »Weibliche« bleibt die Leerstelle, um die der Text kreist.

Kehren wir noch einmal zurück zu der eingangs gestellten Frage nach einem möglichen Kontext der Ausgangszeile. Im Gegensatz zum überwiegenden Teil der von Zürn gewählten Ausgangszeilen handelt es sich hier ganz offensichtlich *nicht* um eine Redensart, eine Phrase, ein literarisches Zitat oder ein biographisch bedeutsames Detail (der Name einer Straße, eine Adresse oder ähnliches).[10] Vergleicht man das Buchstabenmaterial von »Bibi ist eine welsche Hexe« hingegen mit dem ähnlich klingenden Titel einer am 5. Januar 1951 in »Die Neue Zeitung« erschienenen Kurzgeschichte Zürns, die mit dem Titel »Sibby Patzke, welche eine Hexe ist« überschrieben ist, so stellt man fest, daß es sich bei der Ausgangszeile des Anagramms, (läßt man den Nachnamen Patzke außer acht), um ein Anagramm des Titels der Kurzgeschichte handelt.[11] Mit anderen Worten: Die bedeutungsgenerierenden künstlerischen Verfahren Zürns umschließen auch das anagrammatische rekombinieren von eigenen Wortschöpfungen, Sätzen und Titeln.

10 Allzu leichtfertig wird in der Sekundärliteratur meines Erachtens der Kontext der Ausgangszeile verhandelt. Wenn sich kein biographischer Bezug erkennen läßt, wird die Wahl der Zeile nur allzu gerne als eine fast willkürliche dargestellt, eine Einschätzung, die sich bereits bei dem Anagrammgedicht »Ueb' immer Treu und Redlichkeit« als irrig erwiesen hat.

11 Vgl. GA 2, S. 125. und GA 2, S. 361.

Vergleicht man den Inhalt der Kurzgeschichte »Sibby Patzke, welche eine Hexe ist« mit dem vierzeiligen Anagramm, so mutet letzteres wie der komplementäre Teil des heiteren, märchenhaft-kindlichen Prosatextes an.

Der Zeitungstext erzählt die Geschichte eines ungewöhnlichen kleinen Mädchens. Darin heißt es: »Nein! – welch ein Kind!« sagen die Leute [...] »Eine Hexe – ein Engel« – »ein wasweißichnochalles«, sagen die Leute, wenn Sibby Patzke, zehnjährig, storchbeinig mit hängenden Strümpfen angewandert kommt. »[...] Nein dieser – dieser – Himmelsbraten.«[12]

Zahlreiche Details rücken die Kurzgeschichte Zürns unübersehbar in die Nähe von Astrid Lindgrens Kultfigur »Pippi Langstrumpf«, deren kunterbunte Abenteuer 1949, also nur zwei Jahre vor dem Erscheinen der Kurzgeschichte, veröffentlicht worden waren.[13]

12 GA 2, S. 125.

13 Brinkmann und Bose haben auf die Sonderstellung derartiger Vorbilder in der Kinder- und Jugendbuchliteratur der fünfziger Jahre hingewiesen: »Astrid Lindgrens phantastischer Konjunktiv und Erich Kästners kritischer Moralismus blieben als jugendliterarische Zielsetzungen am Anfang der 50er Jahre Ausnahmen, wenn auch berühmte. Erst ab Mitte der 50er Jahre fanden sie Entsprechungen in den phantastischen Erzählungen Ottfried Preußlers [...] und James Krüss. Phantasie erscheint als eine Form der Erkenntnis, und der solidarische Umgang der Menschen miteinander ist das Ideal des gesellschaftlichen Zusammenlebens, gesetzt gegen die restaurativen Tendenzen einer ›Bewahrpädagogik‹ und Kampagnen wie die gegen ›Schmutz und Schund‹. Besonders in der Literatur für Mädchen waren Familie und Autorität unangetastet geblieben, Konformität bestimmte das Handeln.« (GA 3, S. 226–227) Daß Zürn sich in diesem Bereich sehr gut auskannte und mit der angesprochenen Problematik auseinandergesetzt hat, geht vielleicht noch deutlicher aus dem zu Lebzeiten unveröffentlicht gebliebenen Text »Katrin. Die Geschichte einer kleinen Schriftstellerin. Ein Jugendbuch« hervor. Erzählt wird auch hier die Geschichte eines kleinen Mädchens, die allein mit ihrem Vater lebt und ihren Herzenswunsch, Schriftstellerin zu werden, umzusetzten versucht. Hierzu noch einmal Brinkmann und Bose: »Daß ein Mädchen den Wunsch hätte haben können, Schriftstellerin zu werden, allein mit dem Vater lebte und früh ihr Leben selbst bestimmte, schien in diesem Genre undenkbar. [...] ›Katrin‹ gehört zu den interessanten Außenseitergestalten, kein Tausendsassa wie Pippi und doch, wie Rüdiger Steinlein uns mitteilt, ›sozusagen eine Mischung aus Pippi Langstrumpf und – avant la lettre – Momo, Michael Endes erfolgreicher

Während Pippis überaus unkonventioneller Lebens- und Denkstil aber vor allem auf charmante Art und Weise die kleinbürgerlich-spießigen Ansichten und Überzeugungen ihrer Umgebung aus den Angeln hebt, geht es in der Geschichte von Sibby Patzke – wie so oft in den Arbeiten von Zürn – um die Frage nach der Möglichkeit der ewigen Liebe und den Traum von der »ewigen Kinderhochzeit«. So heißt es in der Kurzgeschichte:

> »Wenn Sibby nun äußerlich [...] nur so leuchtet vor Lächeln und guter Laune [...], so weint doch in Wirklichkeit ihr Herz bitterlich nach Jannusch, und somit erfährt sie früh genug, daß Liebe und Leid untrennbar miteinander verbunden sind. [...] Als sie heute, am frühen Abend, gerade ins Haus gehen will, wo Frau Großmutter schon am Fenster steht und Ausschau hält nach ihrem komischen kleinen Katzentier, wie sie Sibby nennt, da taucht Jannusch hinter der Mauer auf, die Taschen mit Äpfeln aus Patzkes Garten gefüllt, beißt grinsend in einen braunhäutigen saftigen Apfel [...]. Und dann sieht die alte Frau etwas, wovon sie sich selbst verspricht, es ihr Lebtag nicht mehr zu vergessen und es in allen dunklen Stunden sich immer von neuem wieder vorzustellen. Es war als gingen Tristan und Isolde oder Romeo und Julia oder sonst ein unvergeßliches Liebespaar über alle Hindernisse, über alle Dornenwege und tiefe Meere und Sternenweiten aufeinander zu. Zögernd wie Traumwandler, fast schwebten sie, nichts mehr sehend, als ihre angstvoll aufgerissenen Augen. Rannten die letzten Meter und stürzten einander in die Arme. [...] Ein wenig wie Julia, mit all dem, was man sich nur in Julias Augen hineinträumen möchte. Doch zum größten Teil wie Sibby Patzke. Was soviel heißen will, wie eine rotzopfige, katzenäugige, liebliche Hexe, deren Zauber – eben doch nichts zu widerstehen vermag.[14]

kinderliterarischer Kultfigur‹. Anklänge an Irmgard Keuns grenzüberschreitende Mädchenfiguren [...] finden sich ebenso wie solche an die Sozialkritik der linken Jugendliteratur der Weimarer Zeit.« (GA 3, S. 227)

14 GA 2, S. 128–30.

Das Anagramm »Bibi ist eine welsche Hexe« erscheint wie das tragischere Gegenstück zu der in der Kurzgeschichte ausgesponnenen Wunschphantasie. Während Zuweisungen wie »Hexe« oder »komisches Katzentier« im märchenhaften Kontext der Kurzgeschichte positiv besetzt sind und allen im fiktiven Kontext der Geschichte beschriebenen Figuren ebenfalls wohlmeinendes Kopfschütteln und Bewunderung abringt, verkehren sich dieselben Beschreibungen im Anagramm zu etwas, das verworfen und bestraft werden muß. Man könnnte auch sagen: Das Anagramm fördert gerade das zutage, was in den Phantasien von Unversehrtheit und märchenhafter Glückseligkeit immer abgewehrt werden muß. Auf diese Weise wiederholt und »entlarvt« es in einer kritisch-parodistischen Umkehrbewegung das in der Kurzgeschichte thematisierte, romantische Liebesideal (Der Text beschreibt wohlgemerkt nicht irgendein Liebespaar, sondern stellt Sibby und Jannusch in die Reihe der ›großen Liebenden‹: »Es war als gingen Tristan und Isolde oder Romeo und Julia oder sonst ein unvegeßliches Liebespaar, über alle Hindernisse [...].«[15]

Das komplementäre Verhältnis der beiden Texte zueinander erscheint vor allem in Anbetracht der beim Anagrammieren vorgegebenen technischen Beschränkung (damit ist gemeint, daß nur das gegebene Buchstabenmaterial verwendet werden darf) verblüffend, ja geradezu wundersam. Der Umstand, daß die Ausgangszeile »Bibi ist eine welsche Hexe« ein Anagramm des Titels der Kurzgeschichte »Sibby, welche eine Hexe ist« darstellt und beide Texte ein gewissermaßen spiegelbildliches Verhältnis zueinander eingehen, veranschaulicht ein bestimmtes, vielleicht muß man sogar sagen *das* bestimmende Kennzeichen der Arbeiten Zürns: die Tatsache nämlich, daß jede einzelne Arbeit nie als etwas für sich Abgeschlossenes oder, anders ausgedrückt, als ›Werk‹ zu verstehen ist, sondern daß sie mit anderen Arbeiten ein filigranes Netz aus Verweisen und Bezügen bildet, innerhalb dessen die Arbeiten auf verschiedene, manchmal kaum erkennbare Arten und Weisen miteinander verknüpft sind. Es entsteht der Eindruck eines beweglichen, wandelbaren Gefüges, das sich vor dem Betrachter ausbreitet und in dessen Sphären das Eine immer auch das Andere einbezieht und interpretiert,

15 Ebd.

dem japanischen Haiku ähnlich[16], das bei Roland Barthes mit den Worten beschrieben wird:

> »Die Zeit des Haiku kennt kein Subjekt, denn die Lektüre besitzt kein anderes *Ich* als die Gesamtheit der Haiku, deren Ich durch unendliche Brechung stets nur der Ort der Lektüre ist. Nach einem Bild, das die Hua-Yen-Lehre vorschlägt, könnte man sagen, der kollektive Körper der Haikus sei ein Geschmeide, in dem jedes Juwel alle übrigen reflektierte und so weiter bis ins Unendliche, ohne daß sich jemals ein Zentrum, ein Kern allererster Ausstrahlung ausmachen ließe.«[17]

7.2. Textkörper und Körperschrift. Ein Ölbild von 1956

Wenn es in einem Brief von Unica Zürn an ihre Berliner Freunde Ulla und R. W. Schnell vom 6. Oktober 1956 auch heißt: »Inzwischen male ich munter ein Bildchen nach dem anderen«[18], so sind aus den Jahren 1955 bis 1957[19], in denen Zürn nachweislich in Öl/Tempera gearbeitet hat, doch nur insgesamt zehn recht kleinformatige Bilder bekannt.

Einige Bilder lassen durchaus anfängliche Unsicherheiten im Umgang mit dieser für sie neuen Technik erkennen; man könnte auch sagen: Sie wirken wie verschiedene *Fassungen* des Versuchs, ihren »Zeichen-Stil« – das, was sie an anderer Stelle belustigt als ihre »Pimpel-Technik«[20] bezeichnet – mit der Ölmalerei in Einklang zu bringen.

16 Bei dem japanischen Haiku handelt es sich ursprünglich um die Anfangsstrophe eines Kettengedichts, bestehend aus 5/7/5 d.h. insgesamt 17 Silben. Im 16./17. Jahrhundert verselbständigte es sich zu einer eigenständigen Form und bildete den Höhepunkt der japanischen Dichtkunst. Von Klarheit und extremer Schlichtheit gekennzeichnet, eröffnet es Tiefe im Bild eines Augenblicks.

17 Roland Barthes, Das Reich der Zeichen, Frankfurt/M. 1991, S. 108–109.

18 GA 4.2, S. 526.

19 Warum Erich Brinkmann explizit von »nur *zwei* Jahren in dieser Technik« spricht, obwohl die Bilder von 1955–1957 datiert sind, weiß ich nicht.(GA Z, S. 7.)

20 GA 4.2, S. 526.

Abb. 13: Unica Zürn,
Öl auf Pappe, 24,5 x 33,0 cm,
datiert und signiert, *Unica Zürn 55*,
Nachlaß Zürn

»Ich male auf Täfelchen (starke Pappe)«, schreibt sie an anderer Stelle, »was vollkommen für mich genügt, da ich noch sehr unentschlossen bin und immer wieder alles übermale und von vorn anfange. Denn wenn ich nicht auch in der Ölmalerei meinen ›Zeichen-Stil‹ durchführe, hat es keinen Sinn u. das ist eben sehr schwer – aber es gibt Wege, dorthin zu kommen – allmählich – und man soll ja nichts übereilen. [...]«[21]

Ein kleines Täfelchen aus dem Nachlaß Zürns (Abb. 13), das eine verschlungene, amorphe, vielfarbige Form auf gelbem Grund darstellt, offenbart vielleicht am deutlichsten diese von ihr selbst beschriebenen und empfundenen Schwierigkeiten.

21 Ebd., S. 520.

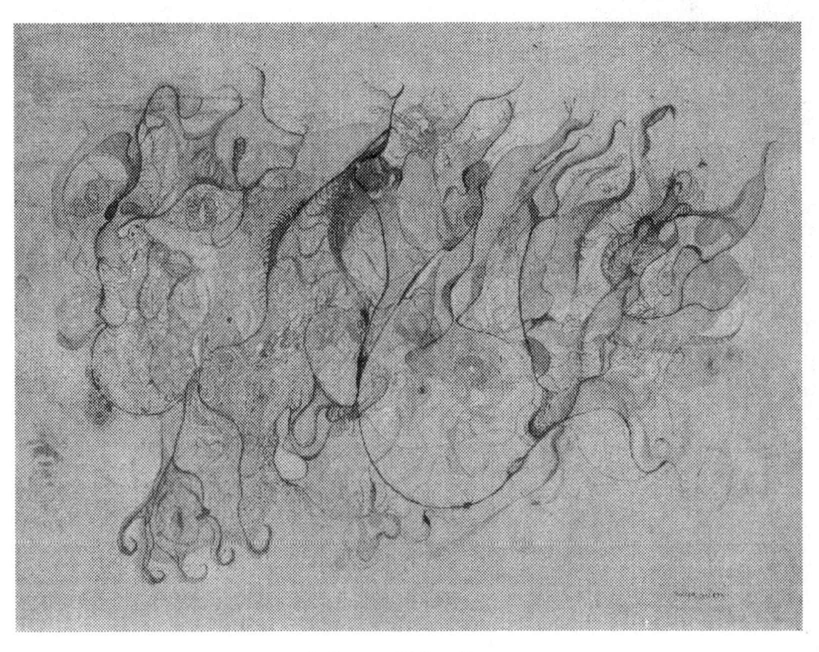

Abb. 14: Unica Zürn,
Öl auf Sperrholz, 31,5 x 46,9 cm,
signiert und datiert, *Unica Zürn 56*,
Privatbesitz

Es sind zunächst vor allem die verschiedenen gelb-grün-braunen Farbtöne der in sich verschlungenen, ineinanderverknäuelten Form, die der BetrachterIn ins Auge fallen; erst bei genauerem Hinsehen bemerkt man auch die vielen feinen farblichen Abstufungen und die unzähligen, kaum sichtbaren wellenförmigen Linien, Häkchen und Punkte, durch die einzelne Formen auch in sich weiter strukturiert sind. Die Linie bleibt jedoch so zurückhaltend, daß der Eindruck der Farbe überwiegt und die Gestalt insgesamt ein wenig schwerfällig in »der Luft hängt«. Möglicherweise hat Zürn dies ähnlich empfunden, auf jeden Fall hat sie 1956 – also nur ein Jahr später – eine sehr ähnliche, fast ist man geneigt zu sagen die gleiche Komposition noch einmal aufgegriffen (Abb. 14). Die Ausgangsformen – der Umriß des Phantasiegeschöpfes, die ›Kopf‹-Form mit den großen Augen und die Krallenfüße –, alles ist mühelos wiederzuerkennen, nur das Verhältnis von Farbe und Linie ist in diesem

Abb. 15: Unica Zürn,
Öl auf Hartfaserplatte, 50,5 x 51,0 cm,
signiert und datiert, *Unica Zürn Paris 56*,
Privatsammlung

Fall ein komplett anderes. Die dichte, wollene Stofflichkeit des ersten Bildes ist einem wehenden, züngelnden Linienverlauf gewichen, der, von ungeheurer Dynamik getrieben, auf dem hellen Grund des Bildes seine Bahnen zieht und dem die Farbe eher beigegeben, eher mitgegeben ist. Das vorsichtige Kolorit (es ist so dünn aufgetragen, daß selbst die darunterliegenden Linien überall sichtbar bleiben) taucht darüber hinaus nur an manchen Stellen auf und wirkt insgesamt deutlich untergeordnet.

Es ist unschwer zu erkennen, daß die beiden Bilder im Zeichen des Experimentierens stehen; sie zeigen die Suche nach Möglichkeiten einer spannungsreichen Gewichtung von Farbe und Linie und veranschaulichen die Konfrontation des bereits sicheren, geübten »Zeichen-Stils« mit dem Medium Farbe.

Noch etwas anderes fällt bei der Betrachtung der Ölbilder auf. Der Umstand nämlich, daß Zürn sich im Rahmen dieser Suche nach einem für sie möglichen »Weg« – soweit sich ein solcher überhaupt anhand der wenigen Bilder rekonstruieren läßt – sehr direkt an dem Zeichenstil anderer Künstler orientiert und diesen gewissermaßen »versuchsweise« für sich in Anspruch genommen hat. Ein in Privatbesitz befindliches, 1956 entstandenes Bild (Abb. 15) steht in seiner fabulierenden, träumerischen Leichtigkeit voll und ganz in der Tradition surrealistischer Bildgestaltung, wie sie beispielsweise in den Zeichnungen von Tanguy, aber auch in den ersten Aquarellen von Wols zum Tragen kommt.

Das hochformatigen Bild der Galerie Patrice Trigano (Abb. 16) wiederum bezieht sich auf die Zeichensprache Hans Bellmers. Nicht allein, daß es sich bei der Technik – dem Zeichnen mit weißer Tusche auf einer schwarz grundierten Leinwand – um eine von Bellmer häufig verwendete Vorgehensweise handelt, auch die Art und Weise, wie sich die Linien an einigen Stellen in weitgespannten, parallelen Schwüngen vor der dahinterliegenden phantastischen Turmarchitektur abheben und dadurch einen Eindruck von Räumlichkeit erzeugen, während die Linie bei Zürn doch sonst oft so minutiös die Fläche ausmißt, verleiht dem Bild Zitatcharakter.

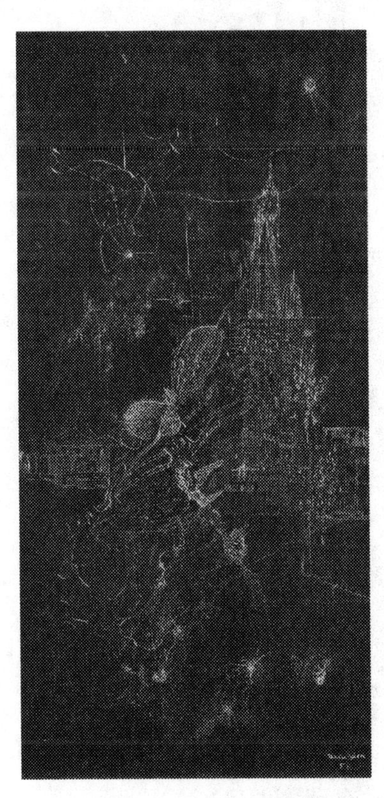

Abb. 16: Unica Zürn,
Öl auf Sperrholz, 69,5 x 34,5 cm,
signiert und datiert, *Unica Zürn 56*,
Paris, Galerie Patrice Trigano

Die Möglichkeit, daß der wie radiert und etwas altmeisterlich anmutende Charakter dieses Bildes aus der hier angewandten Technik resultiert, wird durch ein weiteres Bild, in dem die Zeichnung *tatsäch-*

Abb. 17: Unica Zürn,
Öl auf Leinwand, Grattage, 50,0 x 47,0 cm,
signiert und datiert, *Unica Zürn 56*,
Nachlaß Zürn

lich eingeritzt ist, vollständig widerlegt. (Abb. 17) Auch wenn der schlechte Erhaltungszustand des ebenfalls im Nachlaß befindlichen Bildes die Wirkung deutlich beeinträchtigt, so ändert dies doch nichts an dem heiter-verspielten, dahingekritzelten Charakter der Darstellung. Das Kleinteilige und Geometrische des Liniengerüsts zeugt von der Kenntnis der Zeichnungen Klees, bei Zürn jedoch erstreckt sich die halsbrecherische Konstruktion bei Zürn flächendeckend über das ganze Bild. Die Akrobatik des Liniengerüsts findet in den dargestellten Zirkusmotiven ihre Entsprechung: Im Zentrum des Bildes balanciert eine Seiltänzerin über eine geschwungene Linie, ein fahrradähnliches Gefährt mit Hut und japanischem Sonnenschirm im Schlepptau, während rechts daneben

Abb. 18: Unica Zürn,
Öl auf Pappe, 24,0 x 40,9 cm,
signiert und datiert, *Unica Zürn Paris 56*,
Nachlaß Zürn

eine Mischung aus Frosch und Wetterhahn zu sehen ist, die an einem Trapez ihre Übungen vollzieht. Eine Seilleiter führt in den Himmel, Luftschiffe fahren umher und überdimensionierte Blumen schießen aus dem Boden.

Wenn Zürn in dem zu Beginn des Abschnitts zitierten Brief bereits optimistisch voraussagt, daß es »Wege« zu einer gelungenen Umsetzung ihres Zeichenstils in die Ölmalerei gäbe, so hat sie diese spätestens mit einem 1956 datierten Bild aus dem Nachlaß gefunden. (Abb. 18)

Farbe und Linie gehen in dieser ungewöhnlichen Arbeit (wie auch in den beiden letzten von ihr erhaltenen Ölbildern aus dem Jahre 1957[22]) eine besondere, ausdrucksstarke Formensprache ein, verbinden sich zu einer eigenwilligen Bilderschrift.

Auf der in einem kühlen Gelb grundierten Bildfläche tummelt sich, in einem unentwirrbaren Durcheinander, eine höchst ungewöhnliche, exotische Gesellschaft. Die fremdartigen Wesen fallen geradezu überein-

22 GA Z, Abb. 36 und 37.

anderher, drängeln sich an den vorderen Bildrand, die runden und farblich hervorgehobenen Augen sind dabei unverhohlen und direkt auf die BetrachterIn gerichtet. Einige haben ihre langen, großen und krallenförmigen Arme wie zum Gruß erhoben, und man sieht ihre fast durchsichtigen, verschiedenfarbigen Körper, die vor allem aus den unendlichen Verästelungen nervenbahnählicher Formen zu bestehen scheinen. Den Geschöpfen haftet etwas Unheimliches an, sie sind – in dem Sinne, wie Freud das »Unheimliche« beschrieben hat[23] – zugleich vertraut und fremd: Wenn sie einerseits so etwas wie einen Körper mit einem Kopf und zwei Augen aufweisen, so besitzen diese Körper doch andererseits weder Volumen noch feste Grenzen, noch haben sie ein bestimmbares Geschlecht. Es ist, als hätte die Linie selbige eben erst erzeugt, als wären sie im Entstehen oder in einem Prozeß fortwährender Transformation begriffen.

Das Aussehen der ungewöhnlichen ›Versammlung‹ läßt sich ebensowenig spezifizieren, wie sich die verschiedenen, um die Figuren herum auftauchenden Schriftzüge *entziffern* lassen. Wenn die Art und Weise wie die Schriftblöcke um die einzelnen Wesen gruppiert und ihnen scheinbar zugeordnet sind ganz entfernt an mittelalterliche Handschriften erinnert, in denen das von den Personen Gesagte sich auf einer vom Mund ausgehenden Schriftrolle enthüllt, so entführt der Duktus der Bildzeichen selbst in einen anderen Kulturkreis: Die Zeichen spielen mit der Ähnlichkeit zu Schriften des ostasiatischen Schriftenkreises. Einer kommunikativen Funktion sind sie jedoch vollständig enthoben. Sie kommunizieren nichts. Sie sind jener Semiographie zuzuordnen, die »bereits von Klee, Ernst, Michaux und Picasso praktiziert wurde: die unleserliche Schrift«[24]. Über das Phänomen der Unlesbarkeit in Bildern nachdenkend, kommt Roland Barthes zu dem Schluß:

> »Nichts trennt die Schrift (von der man annimmt, sie kommuniziere) von der Malerei (von der man annimmt, sie drücke aus): sie

23 Sigmund Freud, »Das Unheimliche«, in: Studienausgabe, hrsg. von A. Mitscherlich u. a., Frankfurt/M. 1989, 6. Auflage Bd. IV, S. 229–68.

24 Roland Barthes, »Requichot und sein Körper« in: Der entgegenkommende und der stumpfe Sinn, Frankfurt/M.,1990, S. 231.

> bestehen beide aus dem gleichen Stoff, der vielleicht, wie in sehr modernen Kosmographien, nichts anderes ist, als die Geschwindigkeit. [...] Dann: Das Unlesbare ist nichts als das *Verlorengegangene*: schreiben, verlieren, erneut schreiben, *das endlose Spiel des Darüber und Darunter* einführen, den Signifikanten näherbringen, zu einem Monster an Präsenz, das Signifikat bis zur Unmerklichkeit verringern, die Botschaft aus dem Gleichgewicht bringen [...]«[25]

Man kann nun die offenkundige Fremdartigkeit und Unlesbarkeit des hier Dargestellten abwehren, indem man die fremden Wesen und ihre bedeutungslosen Schriftzeichen als Zeichen von Unica Zürns Wahnsinns abtun, als »die Dämonen«, wie es bei Andrea Hilgenstock heißt, »die die dem Wahnsinn verfallene Künstlerin außer mit Worten auch mit dem Zeichenstift in sich zu bekämpfen versuchte«[26]. Damit wäre man mit der Betrachtung an diesem Punkt gewissermaßen an ein Ende gelangt.

Man kann aber auch in eine andere Richtung weiterdenken und sich der Spekulation hingeben, ob nicht das irritierende Moment dieses Bildes von der Differenzerfahrung einer anderen Ordnung herrührt. Dargestellt ist ja nicht die Abwesenheit von Ordnung, sondern vielmehr eine Ordnung, deren Systematik dem Betrachter nicht entschlüsselbar und deswegen sinnlos erscheint. Roland Barthes schreibt in »Das Reich der Zeichen«, das auf den ersten Blick wie eine Studie »über« Japan anmutet und bei näherer Betrachtung doch ein ganz anderes Ziel verfolgt:

> »Der Orient ist mir gleichgültig, er liefert mir lediglich einen Vorrat an Zügen, den ich in Stellung bringen und, *wenn das Spiel erfunden ist*, dazu nutzen kann, mit der Idee eines unerhörten, von dem unsrigen gänzlich verschiedenen Symbolsystems zu liebäugeln.«[27]

25 Ebd., S. 232.
26 Andrea Hilgenstock, »Ihre Zeichnungen sind Träume aus der Hand«, in: Die Welt, 4.11.98.
27 Roland Barthes (1991), S. 13 (Hervorhebungen H. L.).

In dem Spiel, das Roland Barthes vorschlägt, geht es gerade nicht darum, das Fremde, Fremdartige zu verstehen oder aufzulösen, indem man ihm eine neue Bedeutung erfindet. Die Abwesenheit von Sinn und Referenz wird als Möglichkeit begrüßt, die es ermöglicht, »zu schauen, was von dem Zeichen übrigbleibt, wenn man das Signifikat abzieht«[28]. Ich behaupte, daß das Bild von Zürn ein vergleichbares Spiel entwirft: Man ist eingeladen zu einem fulminanten Schauspiel der Linie, zu einem karnevalesken Spektakel der Zeichen, in dem der Sinn nur aus der Sinnlichkeit der Zeichen heraus lesbar wird.[29] Nicht umsonst spielt Zürn mit der Nähe zur chinesischen oder japanischen Schrift. In der kunstvollen Kalligraphie dieser Schriftzeichen hat die sinnliche Praxis des Schreibens stärker ihre Spuren hinterlassen.

In diesem hingebungsvollen Erfinden einer Schrift, die nichts kommuniziert und nichts transkribiert, vollzieht Zürn in gewisser Weise das, was Roland Barthes nur wenige Jahre später die »zweite Umkehrung der Moderne zum Buchstaben zurück« nennt. Er schreibt:

> »Einerseits berichtigt die Philosophie ein Postulat der Linguistik, die die gesamte Sprache der gesprochenen Form unterordnet und den Buchstaben als bloße Transkription des Lauts betrachtet, und stellt (mit Derrida, dem Autor von Grammatologie) dem Sprechen ein Wesen der Schrift gegenüber. *Der Buchstabe wird nun in seiner graphischen Materialität zu einer irreduziblen Idealität, die mit den tiefgreifendsten Erfahrungen verknüpft ist (wie im Orient deutlich zu sehen ist, wo dem Schriftbild eine richtiggehende kulturschaffende Macht innewohnt).* [...] Für wie viele Spiele war der Buchstabe Ausgangspunkt, seitdem die Menschheit schreibt! Man nehme einen Buchstaben. Sogleich sieht man, wie sich sein Geheimnis vertieft (ohne sich je zu schließen) und über endlose Assoziationen (von Metonymien) verläuft, in denen man die ganze Welt antrifft.«[30]

28 Doris Kolesch, »Roland Barthes«, Frankfurt/M., New York 1997, S. 71.

29 Die Frage »Was ist Signifikanz?« beantwortet Roland Barthes mit den Worten: »Der Sinn, insofern er sinnlich hervorgebracht wird.« Vgl. Barthes (1992), S. 90.

Im Phänomen der unlesbaren Schrift sieht Barthes einen Weg, zu dem eigentlichen Wesen und der eigentlichen Wahrheit der Schrift vorzudringen: »Der Maler hilft uns zu begreifen, daß die Wahrheit der Schrift weder in ihren Aussagen liegt – noch im Übermittlungssystem, das sie in der gängigen Auffassung darstellt [...], sondern in der Hand, die aufdrückt, die Linie zieht und sich verhält, das heißt im *pulsierenden* (Lust empfindenden) Körper.«[31]

In der Darstellung von Zürn erfährt dieser Zusammenhang eine eigenwillige Zuspitzung. Die Untrennbarkeit von Schrift und Körper wird ins Bild verlegt und auf der Ebene der Darstellung verhandelt, indem beide dort als ein untentwirrbares Gewebe erscheinen. Während Figur und Schrift in den von mir als Vergleichsbeispiel (oder Gegenbeispiel?) angeführten mittelalterlichen Handschriften die Übermittlungsfunktion von Sprache ins Bild setzen, indem eine Figur als Sprecher auftritt, der/die eine deutlich von sich abgegrenzte Botschaft übermittelt, so sind demgegenüber die hier dargestellten Wesen von strukturell gleicher Art wie die sie umgebenden Schriftzügen oder – wie Barthes es ausdrückt – »aus demselben Stoff«.

Der ganz rechts stehenden grauen Figur scheinen einige Schriftzeichen aus ihrem Arm zu entquillen und sich wie ein Rauchzeichen zu einem vertikal aufsteigenden, gleichfarbigen Schriftzug zu ordnen. Oder ist die Bewegung doch eine dazu gegenläufige? Sickern die Schriftzeichen, gleich Infusionen, in den Körper hinein, um ihn auf diese Weise zu konstituieren? Ganz anders wiederum die rosafarbene Gestalt im Zentrum des Bildes: Sie scheint sich insgesamt in einem brodelnden Zwischenzustand zu befinden, der es schwierig macht, zu entscheiden, ob sie mehr Zeichen oder mehr Körper ist.

Bei der hellbraunen, indianisch anmutenden Gestalt, die sich rechts von dem die Bildfläche unterteilenden Strich befindet, ist es offensichtlich der Bauchnabel, der vor sich hin blubbert und Zeichen produziert. Man begreift: Von *überallher und nach überallhin* wandern diese Schrift-

30 Barthes (1990), S. 122–123.

31 Barthes (1990), S. 161. Vergleiche hierzu auch die Ausführungen bei Wolfgang Max Faust, Bilder werden Worte. Zum Verhältnis von bildender Kunst und Literatur im 20. Jahrhundert oder vom Anfang der Kunst im Ende der Kunst, München 1978, S. 15–19.

zeichen, im traditionellen Sinne *gesprochen* sind sie allerdings nicht. Die Gestalten besitzen entweder gar keinen Mund, und wenn sie einen solchen besitzen, so ist er von einer merkwürdigen, handähnlichen Form verhangen.

Das am linken Bildrand befindliche, wie in der Luft hängende Linienknäuel macht schließlich den *Übergang* selbst, *die Transformation* von Schrift zu Körper sichtbar. Scheinbar wie von selbst verdichten sich hier nach unten hin die Bildzeichen, die Linie verharrt, wird betont und breiter, bis eine Art Gewebe entsteht, in dem sich eine Vorstufe von »Körperlichkeit« abzuzeichnen beginnt. Man ist ZuschauerIn eines faszinierenden, potentiell unendlichen, sich selbst bearbeitenden Kreislaufs. Die Zeichen erzeugen Körper, die einen Text zu weben scheinen, der dann wiederum zu einem Körper wird. Körperliches Bild und Textzeichen fallen in eins, lassen den Körper als Ort der Sprache aufscheinen.

> »Text heißt *Gewebe*«, schreibt Roland Barthes, »aber während man dieses Gewebe bisher immer als ein Produkt, einen fertigen Schleier aufgefaßt hat, hinter dem sich, mehr oder weniger verborgen, der Sinn (die Wahrheit) aufhält, betonen wir jetzt bei dem Gewebe die generative Vorstellung, daß der Text durch ein ständiges Flechten entsteht und sich selbst bearbeitet; in diesem Gewebe dieser Textur verloren, löst sich das Subjekt auf wie eine Spinne, die selbst in die konstruktiven Sekretionen ihres Netzes aufginge.«[32]

7.3. Mediale Nahtstellen und Sprachspiele im »Haus der Krankheiten«

In dem 1958 entstandenen Buch »Das Haus der Krankheiten«[33] tritt der Zusammenhang von Schrift und Zeichnung und Körper in anderer Form erneut in den Vordergrund.

32 Barthes (1992), S. 94.

33 »Das Haus der Krankheiten«, Faksimile, Brinkmann und Bose, Berlin 1986. Das Manuskript ist nicht paginiert, aus diesem Grund entfallen die Verweise auf die entsprechenden Seitenzahlen.

Es handelt sich um die tagebuchartigen Aufzeichnungen einer namenlosen Ich-Erzählerin, die wegen einer »Augenkrankheit« für unbestimmte Zeit ins »Haus der Krankheiten« gekommen ist. Das Aufenthaltsort, das Haus, das der Form eines Körpers nachgebildet ist, erweist sich als ein phantasmatisches Gebilde, ein imaginärer Ort. Bisweilen erscheint er wie tatsächlich eine Art Krankenhaus, dann wieder nimmt er gefängnishafte Züge an oder verwandelt sich in eine Art Gespensterschloß. Anwesend sind neben der Ich-Erzählerin die unsichtbaren Fallensteller, der ebenfalls unsichtbar bleibende Todfeind, der sie behandelnde Arzt Dr. Mortimer und der »weisshaarige alte Herr«, der ihr immer wieder die Märchensuppen ihrer Kindheit einflößt. Die Eintragungen berichten von den verschiedenen Spaziergängen und Aufenthaltsorten im »Haus der Krankheiten«, von den Gesprächen mit Dr. Mortimer, von einem mißlungenen Fluchtversuch und schließlich von ihrem endgültigen Aufbruch.

Beim Lesen stellt man ziemlich schnell fest: Der Text birgt Fallen. Und das, obwohl er selbst lange Klagen über die heimtückischen Aktivitäten der »Fallensteller« (wie sie im »Haus der Krankheiten« heißen) enthält. Natürlich ist es keine »Gesundheitsfalle« und auch keine »Rücksichtsfalle«, in die man als LeserIn zu tappen droht. Aber die Fallen, die der Text vor einem aufbaut, sind deswegen nicht weniger tückisch.

Eine davon könnte als »Ganzheitsfalle« bezeichnet werden: Der Umstand, daß sich die im »Haus der Krankheiten« niedergelegten Aufzeichnungen scheinbar nahtlos zu einer Art »Tagebuch« fügen, daß sich die Zeichnungen und handgeschriebenen Texte auf den ersten Blick gegenseitig zu erläutern und zu ergänzen scheinen, die Tatsache, daß ein Grundriß vorliegt, der die Möglichkeit einer mühelosen Orientierung im »Haus der Krankheiten« suggeriert – all dies führt dazu, daß man kaum dem Impuls und der Versuchung widerstehen wird, dem Text eine schlüssige Erzählstruktur, eine Grammatik, eine Logik zu unterstellen.

Man merkt jedoch sehr schnell: Wenn der Text auch den Anschein erweckt, er habe einen Anfang und ein Ende, wenn er so tut, als besäße er eine Richtung und als wäre das Sprechen der »Ich-Erzählerin« ein konsequentes Sprechen, so zerfällt dieser Eindruck, wenn man versucht, diese Struktur zu *fixieren*. In diesem Moment entpuppt sich das »Haus der Krankheiten« als ein »pluraler Text« par excellence.[34]

Bereits der Titel sperrt sich einem konsumierenden, gedankenlosen Darüberhinweg-Lesen. Was ist das? Ein »Haus der Krankheiten«?

Man denkt vielleicht einen Moment lang an die »Stadt der Krankheiten« in Fieldings skurrilem Roman »Eine Reise von dieser Welt in die nächste«[35], aber sehr viel näher liegt dem Text wohl das »Haus der Kindheit« von Marie Luise Kaschnitz.[36]

Oder handelt es sich nur um eine spielerische Verdrehung des Begriffs »Krankenhaus«? Aber dann bleibt die Frage: Warum ist dieses Haus als eine Art Körper aufgebaut? Ist es ein Gebäude *oder* ein Körper? Oder beides? Werden Körper und Krankheit synonym verwendet? Wird der Körper *als* Krankheit verstanden?

34 Roland Barthes hat in seiner strukturalen Balzac-Lektüre »S/Z« den »pluralen« Text mit den Worten beschrieben: »In diesem idealen Text sind die Beziehungen im Textgewebe so vielfältig und treten so zueinander ins Spiel, daß keine von ihnen alle anderen abdecken könnte. Dieser Text ist eine Galaxie von Signifikanten und nicht eine Struktur von Signifikaten. Er hat keinen Anfang, ist umkehrbar. Man gelangt zu ihm durch mehrere Zugänge, von denen keiner mit Sicherheit zum Hauptzugang gemacht werden könnte. Er setzt Codes in Bewegung, deren Profil man ›aus dem Auge‹ verliert, sie sind nicht unterscheidbar [...] Die Interpretation, die ein unmittelbar in seinen Pluralen erkannter Text verlangt, hat nichts Großzügiges: es geht nicht darum, mehrere Sinne zuzulassen und jedem großmütig einen Anteil an der Wahrheit zuzuerkennen. Es geht darum, gegen jede Indifferenz das Sein von Pluralität zu bestätigen, was nicht Sein des Wahren, des Wahrscheinlichen oder gar des Möglichen bedeutet.« Roland Barthes: S/Z, Frankfurt/M. 1987, S. 9 f.

35 Henry Fielding: Eine Reise von dieser Welt in die nächste, München 1994.

36 Marie Luise Kaschnitz: »Das Haus der Kindheit«, Frankfurt/M. 1996 (erstmals Hamburg 1956) Die beiden fast zeitgleich entstandenen Texte weisen zum Teil verblüffende Parallelen auf. Wenn es im einen Fall auch um das Thema der Kindheit, im anderen um die Thematik von Körper und Krankheit geht, so ist doch der Umgang beider Autorinnen mit den Themen sehr ähnlich. In beiden Fällen sind es tagebuchartige Aufzeichnungen, die den Aufenthalt in dem geheimnisvollen, unheimlichen *Haus* beschreiben. In beiden Texten erweist sich das Haus als ein imaginärer Ort, ein Ort, der sich bewegt, verändert, der wandern und sogar verschwinden kann. Vor allem aber der Prozeß der Erkundung und Auseinandersetzung mit dem Haus (und das sind einerseits Kindheitserinnerungen, andererseits die verschiedenen Körper-Räumen/Bilder), in der das »Ich« des Textes immer wieder gebrochen wird oder, besser gesagt, in der die »Vielheit des Ichs« sichtbar wird, weist eine vergleichbare Grundstruktur auf. Ein ausführlicher Vergleich kann an dieser Stelle leider nicht geleistet werden. Zum »Haus der Kindheit« von Marie Luise Kaschnitz vgl. den Artikel von

Man beginnt die Strategie zu erkennen, die dem Text zugrunde liegt, beginnt zu ahnen, daß man es mit jener *Dimension des Heterokliten* zu tun hat, die einen in den Geschichten von Borges – wie Foucault es treffend beschrieben hat – »trotz eines schwer zu überwindenden Unbehagens lachen läßt«. Und er fährt fort:

»Und dabei handelt es sich noch nicht um die Bizarrerie ungewohnten Zusammentreffens. Man weiß, was in Nähe der Extreme oder ganz einfach in der plötzlichen Nachbarschaft beziehungsloser Dinge an Verwirrungsmöglichkeiten enthalten ist. [...] Was [bei Borges] unmöglich ist, ist nicht die Nachbarschaft der Dinge, sondern der Platz selbst, an dem sie nebeneinander treten könnten. [...] Die Utopien trösten; wenn sie keinen realen Sitz haben, entfalten sie sich dennoch in einem wunderbaren und glatten Raum [...]. Die Heterotopien beunruhigen, wahrscheinlich weil sie *heimlich die Sprache unterminieren, weil sie verhindern, daß dies und das benannt wird, weil sie die gemeinsamen Namen zerbrechen oder sie verzahnen, weil sie im voraus die Syntax zerstören, und zwar nicht nur die, die die Sätze konstruiert, sondern die weniger manifeste, die die Wörter und Sachen (die einen vor und neben den anderen) zusammenhalten läßt.*«[37]

Wie kann man sich einem Text nähern, in dem das Eine immer auch das Andere ist, das sich wiederum in etwas Drittem spiegelt (und so fort)? Ist es angesichts dieser Problematik überhaupt möglich, von *dem* Körper zu sprechen?

Inge Stephan: »Männliche Ordnung und weibliche Erfahrung: Überlegungen zum autobiographischen Schreiben bei Marie Luise Kaschnitz«, in: Frauenliteratur ohne Tradition, Hrsg. von Stephan/Venske/Weigel, Frankfurt/M. 1987, S. 138–157.

37 Michel Foucault, Die Ordnung der Dinge, Frankfurt/M. 1997, 14. Auflage, S. 19–20.[Hervorhebungen H. L.]. Wenn Foucault die Dimension des Heterokliten von der »Bizarrerie ungewohnten Zusammentreffens« abgrenzt, so wird damit unmißverständlich ein Unterschied zu der von den Surrealisten praktizierten »Schock-Metapher« markiert, die in der Herauslösung disparater Gegenstände aus einer festgelegten, scheinbar vorgegebenen Realität und ihrer überraschenden Montage in einem anderen, fremden Zusammenhang besteht.

Valie Export äußert sich zu der Körperthematik im »Haus der Krankheiten« mit den Worten:

> »In der Phänomenologie des Schmerzes wird der Körper zum Haus der Krankheiten. Es sind insbesondere die protoypischen Geschlechtsmerkmale des Weiblichen und die Organfunktionen des Weiblichen [...], die Unica Zürn Schrecken und Verzweiflung einflößen.«[38]

Valie Export macht folglich den Versuch, *den* weiblichen Körper im »Haus der Krankheiten« auf eine ganz bestimmte *Bedeutung* hin festzuschreiben. Und sofort stellt sich die Frage: Von welchem Körper spricht sie? Meint sie die Umrisse des »Hauses der Krankheiten«? Oder den Körper der Ich-Erzählerin? Gibt es *den* weiblichen Körper im »Haus der Krankheiten«? Oder mehr noch: Gibt es ihn überhaupt?

Wenn Export etwas später die Körpertopographie des »Hauses der Krankheiten« als die »soziale Doktrin des Körpers als Definition der Frau«[39] beschreibt, so läßt sie auch hier mit dem Begriff der »sozialen Doktrin« die Vorstellung eines weiblichen Körpers jenseits dieser Doktrin (eines weiblichen Körpers, der nicht von dieser Doktrin affiziert wurde) als möglich aufscheinen. Auf diese Weise hintergeht sie, gewollt oder ungewollt, die – wie Bettine Menke es ausgedrückt hat – »Ungewißheit über das eigene theoretische Objekt [...], in der stillschweigenden Voraussetzung, daß es ›die Frau‹ gebe«[40].

Aber abgesehen davon, daß die theoretische Prämisse Valie Exports meines Erachtens problematisch ist, verweigert sich der Text einer solchen Herangehensweise, indem er an keinem Punkt ein bestimmtes, einheitliches, klar konturiertes Körperbild entwirft.

Der Text beschreibt unzählige *Körperphantasmen*, die in einem komplexen (sich immer wieder in alle Richtungen öffnenden), vielschichtigen Textgewebe miteinander verknüpft sind.

38 Valie Export: Das Reale und sein Double: Der Körper, Wabern 1992, S. 12.
39 Export, (1992), S. 12.
40 Bettine Menke: »Verstellt: der Ort der ›Frau‹. Ein Nachwort.« in: Barbara Vinken (Hrsg.), Dekonstruktiver Feminismus. Literaturwissenschaft in Amerika, Frankfurt/M. 1992, S. 436 f.

Vorstellungen vom »Körper« werden im Text gerade nicht als etwas Gegebenes, als Re-Präsentationen erfahrbar, sondern als flüchtige *Effekte* des Schreibens und Zeichnens, als Phänomene, die sich *im* Schreiben und Zeichnen konstituieren und in diesem Prozeß zugleich immer wieder um-geschrieben und neu-geschrieben werden. Es ist die sprachliche und kulturelle Bedingtheit und Konstruiertheit von »Körper«, die (über Bilder von »Krankheit« und in ihrem Bezug zum erzählenden »Ich« als Identitätskonstrukt) sichtbar und lesbar gemacht werden.

Die Protagonistin des Textes, das »Ich«, das in »gleichbleibender« Handschrift und in darauf bezugnehmenden Zeichnungen zu Wort kommt, verführt dazu, eine einheitliche, kohärente Erzählerfigur zu imaginieren, in der die verschiedenen Darstellungen von Körper und Krankheit miteinander Platz finden könnten. Aber der *Beweis*, der durch die *Einheitlichkeit der Handschrift* gegeben zu sein scheint, täuscht. Die Textfigur ist und zeigt sich als eine »Vielheit«, als ein Echoraum, in dem andere Texte und andere Stimmen zu Wort kommen, als ein Kreuzungspunkt unterschiedlicher Diskurse.

Die »Unzuverlässigkeit« des »Ich« zeigt sich bereits an der Art und Weise, wie »Die Geschichten und Bilder einer Gelbsucht«, die auf der Titelseite angekündigt werden, sich unversehens in eine »Augenkrankheit« verwandeln, die im Verlauf des Texts *wiederum* in eine Metapher für den »Angriff des (liebenden) Todfeinds« übergehen.[41]

Aber fast noch deutlicher zeigt sie sich daran, daß die Erzählerfigur im Text nur *indirekt* Gestalt gewinnt. Dieses »Ich«, das die personifizierte Unkörperlichkeit ist, das keine Stimme und keinen Körper zu haben scheint, das sich »schlafend«, im »Zustand der Abwesenheit«, wie ein »Schleier aus mir, weich und leicht sich bewegend,« »taumelnd vor Schwäche« durch den Text bewegt, existiert nur in der Auseinander-

41 Der Todfeind wird im »Haus der Krankheiten« auf folgende Weise beschrieben: »Dieser Mensch, der mich wissen liess, daß er mich liebt, verfolgt mich mit seiner Liebe auf so rächende Weise, daß ich einem dieser zukünftigen Angriffe erliegen werde. Seit fast einem Jahr bin ich aus dem Haus der Krankheiten nicht mehr herausgekommen. [...] Er hat weder ein Haar, kaum einen Händedruck, noch einen Kuss von mir – und trotzdem gelingt es ihm, mich zu kneten, zu pressen sich durch mich hindurch – und schließlich – mich aufzufressen.«

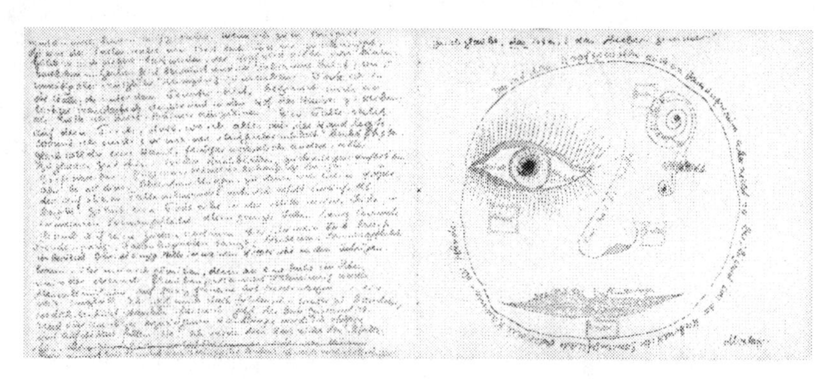

Abb. 19: Unica Zürn, *Das Haus der Krankheiten*,
handgeschriebener Text mit Zeichnungen, 1958, Zeichnung mit Schriftzug,
Ja. ich glaube, das ist es,: das „Fieber-Zimmer“,
Nachlaß Zürn

setzung mit den anderen (imaginierten) »Bewohnern« und vor allem jener zweiten, gleichermaßen fiktiven »Haut«, den Mauern und Räumen des »Hauses der Krankheiten«, die so etwas wie einen Schirm oder ein Symbolfeld aus unterschiedlichsten Diskursen, Mythen und Zitaten darstellen. Die Schrift des Textes wirkt wie eine kurzlebige *Spur* dieser Auseinandersetzung.

An einem Punkt tritt das »Ich« in seiner ganzen Brüchigkeit zutage: Obwohl die handschriftlichen Aufzeichnungen und Zeichnungen auf den ersten Blick – wie bereits gesagt – scheinbar nahtlos ineinander übergehen, so wird bei genauerer Betrachtung doch deutlich, daß in den *Übergängen* von Schrift zu Zeichnung ein Moment der Irritation entsteht. Einige der Zeichnungen sind von Schriftzügen, wie: »Nein, jetzt weiß ich, wer das ist [...]« oder: »Ja, ich glaube, das ist es,: das ›Fieber-Zimmer‹« (Abb. 19) umgeben. Die Verunsicherung, die sich an diesen Stellen formuliert und sichtbar gemacht wird, rührt daher, daß an den Nahtstellen, an denen das ›Ich‹, von einem Zeichensystem ins andere transportiert wird, die Spaltung zwischen be-schreibendem und erschriebenem Subjekt erfahrbar gemacht werden kann.

Wollte man den Prozeß (genau) nachzeichnen, in dem das Erzähler-»Ich« im »Haus der Krankheiten« schreibend immer wieder neu entworfen wird, so müßte man diesem Versuch ein ganzes Buch widmen. Eine strukturale Analyse, die »Schritt für Schritt eine Perspektive aus

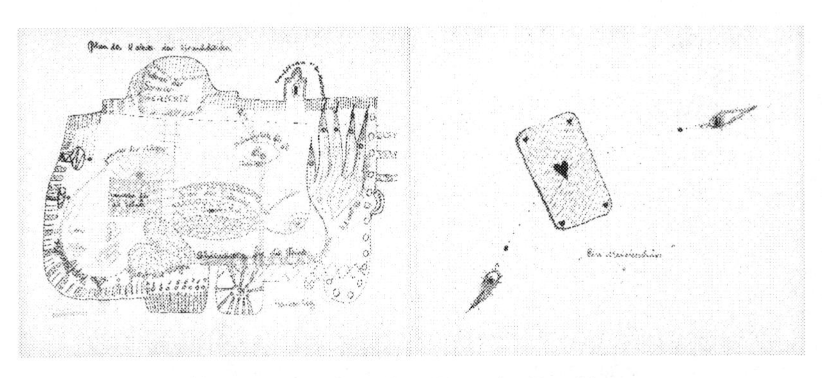

Abb. 20: Unica Zürn, *Das Haus der Krankheiten*,
handgeschriebener Text mit Zeichnungen, 1958, Zeichnung mit Schriftzug,
Plan des Hauses der Krankheiten,
Nachlaß Zürn

Bruchstücken, aus Stimmen – die aus anderen Texten, aus anderen Codes kommen«[42] – entwickeln würde. Eine solche Analyse kann im Rahmen dieser Arbeit nicht geleistet werden. Einige Wanderwege der Bedeutungen sollen aber doch nachgezeichnet werden.

Der »Vielheit des Erzähler-Ich« entsprechend ist das Bild, das man vom »Haus der Krankheiten« erhält, eine Art Vexierbild. Permanent verschiebt sich die Perspektive, gehen die verschiedenen Codes ineinander über, verführen Auslassungen zum weiterträumen oder fordern Widersprüche zu detektivischen Aktivitäten auf.

Bereits der »Plan des Hauses der Krankheiten« (Abb. 20) der dem Text eigentlich hätte vorangestellt werden sollen, wie aus der »vorletzten Notiz« hervorgeht, verwirrt, indem die Linie einerseits den Grundriß von einer Art Schloß- oder/und Festungsarchitektur entwirft (also eine sich in der *Vertikalen* erstreckende Projektion), *darin* zugleich aber schnittmusterartige Körperformen nachbildet[43], die das Bild (*senkrechte* Parallelprojektion) eines zerstückelten, fragmentierten Körpergebildes ergeben. Die Darstellung ist zugleich Körper *und* Architektur, vertikal *und* horizontal, innen *und* außen.

42 Barthes (1987), S. 16.

43 Die Körperformen werden ihrerseits wieder mit architektonischen Raumbezeichnungen (*Kabinett* der Sonnengeflechte, *Kammern* der Hände, *Zimmer* der Augen etc.) beschriftet und bezeichnet.

Im Innern, hinter den dicken Mauern (oder sind es Zellwände?) wartet eine weitere ›Überraschung‹: Es gibt dort nicht nur einen Wachturm von einem gewissen Dr. Mortimer, es gibt innerhalb der Festung auch einen Schleichweg, ein Versteck, ja sogar einen Schießplatz für die Feinde. Und die »sehr große Kanone«, die auf der Plattform (des Schießplatzes der Feinde) steht, ist nicht, wie man erwarten würde, nach *außen* gerichtet, sondern hat »ihr dickes Rohr auf das schönste, weit offene Fenster des Kabinetts der Sonnengeflechte«[44] *im Innern* gerichtet.

Das »*Haus* der Krankheiten« ist nicht *ein* ganz bestimmter (männlicher oder weiblicher) Körper oder gar der »Körper *als* Subjekt«[45], es ist eine Art Körper-Topographie, eine Karte (ich verweise an dieser Stelle auf die Darstellung der *Spielkarte* auf der dem Plan gegenüberliegenden Seite!), auf der *verschiedene* Körper-Figuren (gleich Brettspielfiguren) ihre Wege eingeschrieben und ihre Spuren hinterlassen haben[46], wie in den Brettspielen auf ein und dasselbe Feld beschränkt.

Im Wandern von Raum zu Raum, von Diskurs zu Diskurs, wird »Körperlichkeit« als verschiedene Körper lesbar. Von der Figur des medizinischen oder pseudomedizinischen Körpers ausgehend (wie er in den Diagnosen von Dr. Mortimer, den Schilderungen von der Augenkrank-

44 In seinem Artikel »Das Spiegelstadium als Bildner der Ich-Funktion« verweist Lacan auf die Körpertopographie, in der sich der zerstückelte Körper in der Ich-Bildung (an den Bruchlinien) als greifbar symbolisiert. Er schreibt: »Entsprechend symbolisiert sich die Ich-Bildung (formation du je) in Träumen als ein befestigtes Lager, das [...] geteilt ist in zwei gegenüberliegende Kampffelder, wo das Subjekt verstrickt ist in die Suche nach dem erhabenen und fernen inneren Schloß, dessen Form – manchmal im gleichen Szenario danebengestellt – in ergreifender Weise das Es symbolisiert. Wir finden diese Strukturen einer Befestigungsanlage – deren Metaphorik spontan autaucht, als würde sie unmittelbar aus den Symptomen hervorgehen – in ähnlicher Weise auf mentaler Ebene realisiert [...].« Vgl. Lacan, Schriften I (1973), S. 67–68. Im »Haus der Krankheiten«, und das ist das überraschende, fallen beide Seiten, beide Kampffelder in eins, werden ununterscheibar.

45 Dietmar Kamper, Christoph Wulf: »Lektüre einer Narbenschrift«, in: Transfigurationen des Körpers. Spuren der Gewalt in der Geschichte, Berlin 1989, S. 1.

46 Zur Thematik des weiblichen Körpers als topologisches Feld, als Karte vgl. Annegret Pelz: Reisen durch die eigene Fremde. Reiseliteratur von Frauen als autogeographische Schriften, Köln 1993.

heit, den Darstellungen der Visionen im Kopfgewölbe etc. auftaucht) formiert die Sprache ihn dann zu einem Körper der Liebe (Schilderungen über die Angriffe des liebenden Todfeinds), um ihn an anderer Stelle wiederum als einen vom Kontext des Märchens (Blaubart, der »weisshaarige Herr« mit den Märchensuppen) oder des Schauerromans (die Fallensteller, die Stimmen aus den Fächern der Feinde) bestimmter erscheinen zu lassen.

Die verschiedenen *Figuren des Körpers* ergeben kein Ganzes. Der Körper bleibt aufgeschnitten, ein in Stücke zerlegter Körper, eine Art Landkarte von Partialobjekten. Roland Barthes schreibt:

> »Diesen zerrissenen, zerfetzten Körper (man denke an die Kinderspiele in der Schule zurück) fügt der *Künstler* (das ist seine Berufung) zu einem totalen Körper zusammen, zu einem Liebeskörper, der endlich vom Himmel der Kunst herabgestiegen ist und in dem der Fetischismus sich aufhebt.«[47]

Im »Haus der Krankheiten« wird dieser Schöpfungsakt, in dem sich ein männliches Künstlersubjekt seiner imaginären Ganzheit vergewissert, *verweigert*. Der Text enthält dem Leser die begehrte, vertraute, beruhigende Fiktion vom ganzen, unversehrten, totalen Körper vor. Und wie bewußt diese Verweigerung inszeniert wird, kann man bereits auf der ersten (Text-)Seite des Buchs nachlesen. Da heißt es:

> »Dr. Mortimer hob erst das eine meiner Augenlider und dann das andere. Er blickte hinein. ›Ein Meisterschuss‹, sagte er traurig aber mit Bewunderung. Die beiden Herzen in Ihren Augen sind mitten durch die Brust geschossen. Das war ›ein Meisterschuss‹. [...] Das ist ein Kunststück.«

Das Kunststück ist hier *nicht* der *weibliche Körper*, das Kunststück ist der Meisterschuß, mit dem diesem weiblichen Körper die Herzen aus den Augen geschossen worden sind. Der Begriff des »Meisterwerks«, der sich hinter dem Wort »Meisterschuss« versteckt, erfährt auf diese Weise eine komische, paradoxe Bedeutungsverschiebung.

47 Barthes (1987) S. 115. [Hervorhebungen H. L.]

Roland Barthes hat darauf verwiesen, wie in der Verwendung des Terms »Meisterwerk« das potentiell unendliche Sprechen vom Körper (das unendlich ist, weil es den Körper doch nie als Ganzes zu konstituieren vermag) angehalten und unterbrochen werden kann:

> »[...] durch das Meisterwerk ist das Schreiben der Körper endlich mit einem Term versehen, der [indem er von der lebendigen Statue herkommt, Anmerkung H. L.] zugleich sein Ursprung ist. [...] das Unendliche der Codes aufhören lassen, endlich den Ursprung (das Original) finden, den Ausgangspunkt der Kultur festlegen, den Performanzen ihrer Zugabe (›mehr als eine Frau‹) zuweisen. In dem [...] Körper als Meisterwerk fallen theologisch Referent (dieser wirkliche Körper, der kopiert, ausgedrückt, signifiziert werden soll) und Referenz zusammen (der Anfang, der dem Unendlichen des Schreibens ein Ende setzt und es damit begründet).«[48]

Um die Topographie des Körpers, die im »Haus der Krankheiten« entworfen wird, genauer zu erfassen, soll im folgenden anhand eniger Beispiele untersucht werden, *wie* sich die »Redebruchstücke«[49] im Text zu verschiedenen *Figuren*, *Diskursen* und *Bildern* des Körpers zusammenfügen.

Das Sprechen von Dr. Mortimer produziert einerseits Sätze, die den Körper als einen klinischen, kranken Körper festschreiben. Es finden sich Sätze wie: »Sehen sie mir in die Augen«, »ich sagte eben, daß eine Operation möglich ist, aber nicht ohne Gefahr« oder »das könnte Sehstörungen geben«, zugleich aber wird dieser Diskurs gebrochen, indem der Körper, der nur aus Auge/Herz/Blick besteht, auf eine Weise *geordnet* ist, die dem medizinischen, anatomischen Bild vom Körper komplett widerspricht.

Die Augen haben nämlich plötzlich Herzen, und diese Herzen der Augen sind der Ich-Erzählerin durch die Brust geschossen worden, was

48 Barthes (1987), S. 118.

49 Roland Barthes, Fragmente einer Sprache der Liebe, Frankfurt/M. 1988, 6. Auflage, S. 16.

wiederum nicht heißt, daß der Blick nicht wie an Fäden gezogen in die Ferne zu laufen vermag und Geist und Seele mit den Augen herausschwimmen können. Ein absurdes, willkürlich zusammengesetztes Körperkonstrukt also?

Eine andere Sichtweise erscheint plausibler: Die scheinbar sinnlosen Verknüpfungen stehen in einem spielerischen Bezug zu der Verwendung, die diese Körperteile *in der Sprache* und zwar in Form von Sprichwörtern und Redensarten, erfahren.[50]

Diese »Fertigbauteile der Sprache«, wie der Duden definiert, enthalten neben dem wörtlichen Sinn noch eine weitere, übertragene und zum Teil logisch daraus nicht mehr erschließbare Bedeutung.[51] Im »Haus der Krankheiten« wird die *Verbildlichungsstrategie* der Sprichwörter und Redensarten aufgenommen, und das heißt, wird sie weitergespielt. Die übertragene, *idiomatische* Bedeutung der Sprichworte und Redewendungen *bewußt außer acht lassend*, kommt der sprachlich verfaßte Körper schließlich im Rahmen von »falschen« Rück-Übersetzungen in neuen Metaphern und Bildern wieder zu Wort.

Wenn Dr. Mortimer im Text diagnostiziert: »Die beiden Herzen in Ihren Augen sind mitten durch die Brust geschossen«, so spielt dieses Bild mit der in Redensarten häufig auftauchenden Verknüpfung von Auge und Herz. Man spricht nicht nur davon, daß man »etwas aus den Augen verlieren kann«, man sagt auch, »daß man jemand das Herz stehlen« bzw. »sein Herz an jemand verlieren« kann.

Eine damit eng verwandte Redensart, daß man »jemandes Herz erobert«, liegt meines Erachtens dem Satz »Er, ich meine der Meisterschütze, ist nun im *Besitz* der beiden Herzen« [Hervorhebung H. L.] zugrunde.

Die Formulierung »Das war ein Meisterschuss« verweist demgegenüber auf die als verhüllende Umschreibung für die sexuelle Befriedigung

50 Daß Unica Zürn ein großes Interesse an Sprichwörtern und Redensarten hatte, läßt sich auch daran erkennen, daß sie vielfach Redensarten zur Ausgangszeile ihrer Anagramme gemacht hat. (»Man muß die Feste feiern, wie sie fallen«, »Aller guten Dinge sind drei«, »Stille Wasser sind tief« etc.)

51 So kann beispielsweise »eine Ehrenrunde drehen« zugleich bedeuten, daß man ein Schuljahr wiederholen muß.

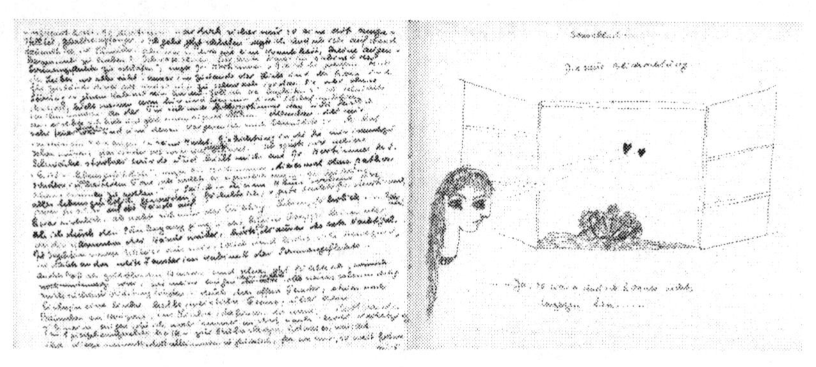

Abb. 21: Unica Zürn, *Das Haus der Krankheiten*, handgeschriebener Text mit Zeichnungen, 1958, Zeichnung mit Schriftzug, *Sonnabend. die neue Blickrichtung ... Ja so war es und ich konnte nichts dagegen tun ...*, Nachlaß Zürn

des Mannes gebrauchte Wendung »seinen Schuß gut anbringen« bzw. »gut in Schuß sein«.

Wenn die Ich-Erzählerin an anderer Stelle sagt: »Mir war jetzt alles gleichgültig, wenn man mich nur nach links, bis zu dem hintersten Baum, bis in den weißen Abendhimmel blicken ließ«, dann scheint es die gebräuchliche Wendung »sich in jemand vergucken« zu sein, auf die der Satz anspielt.

Die dieses Kapitel abschließende Zeichnung (Abb. 21), die mit den Worten »Sonnabend. Die neue Blickrichtung« überschrieben ist, zeigt einen Frauenkopf mit großen Augen, von denen aus zwei Herzen auf zwei gepünktelten Linien durch ein geöffnetes Fenster in die Ferne gehen. Und man sieht sofort: »Die Herzen fliegen ihm zu.«[52]

Der Text wird auf diese Weise »vielsprachig« und das Lesen zu einem Kombinationsspiel mit Bildern. Indem sich bereits jeder Satz als ein vielstimmiges, heterologes Wesen erweist, wird der Text insgesamt zu einem unüberschaubaren Gewebe, einem gigantischen Bedeutungsgespinst.

52 Die Sprichwörter und Redensarten sind entnommen aus: Lutz Röhrich: »Das große Lexikon der sprichwörtlichen Redensarten«, 3 Bände, Freiburg/Basel/Berlin 1991, und Duden, Bd. 11, »Redewendungen und sprichwörtliche Redensarten«, bearbeitet von Günther Drosdowski und Werner Scholze-Stubenrecht.

Eingeschrieben und eingezeichnet in diesen Bedeutungskosmos verliert auch »der Körper« seine feste Struktur, seine Grenzen, seinen Ort in der Sprache. Er wird aufgelöst, wird zu einer Kette aus Metaphern und Metonymien – die sich immer neu und anders fädeln läßt und unzählige Kombinationsmöglichkeiten in sich birgt.[53]

Aber kehren wir noch einmal zu der *Figur* des Dr. Mortimer zurück, denn sie ist noch auf andere Weisen codiert:

Bei Hans Arp findet sich der Ausspruch: »Wörter hatten für mich immer etwas Frisches an sich, sie bewahren ein Geheimnis. Ich gehe mit ihnen um wie ein Kind mit seinen Bausteinen. Ich betaste und biege sie, als wären sie Skulpturen.[54] Unica Zürn macht etwas Vergleichbares, aber sie ist radikaler, ist sehr viel mehr Anagrammatikerin, sie nimmt die Wörter auseinander, sie schaut die einzelnen Teile an, sie nimmt die Sprache beim Wort. Der (gewöhnlich scherzhaft verwendete) Ausspruch »Nomen est omen« wird hier wörtlich genommen und zum Prinzip erhoben. Die Figur des Dr. Mortimer konstituiert sich aus dem, was in seinem Namen geschrieben steht bzw. was ihm sein Name (vor)schreibt: Indem er sich aus »mort« (franz. Tod), »ort« und dem englischen wort »time« (Zeit) zusammensetzt, entspinnt sich (s)eine Geschichte, in der auf diese Elemente immer wieder verwiesen wird:

> »Dr. Mortimer war mein persönlicher *Tod* [mort]. [...] Mein *Tod* [mort], der sich als Arzt aufspielte, enttäuschte mich wegen seines theatralischen und unwahrhaftigen Charakters.« [...] Haus der Krankheiten, du bist kein Haus der Genesung. Wie soll in diesem Haus ein Mensch zurück zum Leben finden [...]. [*Ort* des

53 Es leuchtet ein, daß Unica Zürn dieses Buch Herman Melville gewidmet hat. So wie Melville in seinem Roman »Moby Dick« zunächst dokumentarisch und detailversessen von der Waljagd erzählt, um dann aber Bilder über Bilder und Metapher auf Metapher zu häufen, bis schließlich jenes ungeheure Kompendium entsteht, das Sartre treffend als ein »maßloses und unförmiges und fast vorsintflutliches Buch« beschrieben hat (vgl. Jean-Paul Sartre, »Der Mensch und die Dinge« in: Aufsätze zur Literatur. 1938–46, Hamburg 1986, S. 74), so spielt auch das »Haus der Krankheiten« mit den unendlichen Verweismöglichkeiten der Sprache.

54 Hans Arp: Unsern täglichen Traum, Zürich 1995, S. 75.

> Todes] »Wenn ich hier bliebe«, sagte ich, [...] dann bliebe ich *für immer hier*. [mort, time, Ort] In diesem Fall würde ich Sie um die Erfüllung eines *letzten* Wunsches bitten. [time] Ich habe gehört, dass einem *Sterbenden* sein *letzter Wunsch* erfüllt wird. [mort, time]« [Hervorhebungen H. L.]

Noch eine weitere Ebene eröffnet sich. Die Figur des Dr. Mortimer ist *auch* eine Figur aus dem Schauerroman »The Hound of the Baskervilles«[55] von Arthur Conan Doyle. Dr. Mortimer tritt in dieser Geschichte – in der es Meisterdetektiv Sherlock Holmes gelingt, durch einen meisterhaften Schuß (sic!) aus seiner Pistole das Geschlecht der Baskervilles von dem geheimnisumwobenen Fluch, einem riesigen, schwarzen, tödlichen, immer wiederkehrenden Höllenhund zu befreien – ebenfalls als Arzt auf, als ein leidenschaftlicher Pathologe, dem es jedoch nicht gelingt, seinen herzschwachen Patienten, Sir Charles Baskerville, vor einem mysteriösen Tod zu bewahren. Das Rätsel des Textes dreht sich um die Frage: *Was* hat Sir Charles Baskerville *gesehen*, das für sein *schwaches Herz tödliche* Konsequenzen hatte? Abgesehen von dem *Bezugssignifikanten* Dr. Mortimer, sind die Fäden, über die beide Texte miteinander in Bezug treten, unendlich subtil gehalten. Wenn in beiden Fällen Gefahr, Verfolgung und Tod ganz eng mit dem Herzen, dem Auge, dem Blick und dem Augen-Blick verknüpft werden, wenn die Ich-Erzählerin und Sir Charles gleichermaßen an einem Geheimnis kranken, daß ihnen »so schwer auf dem Herzen liegt«, so fügen sich diese Bausteine doch zu völlig anderen Geschichten zusammen.

Zugleich liegt genau darin, so paradox es erscheinen mag, eine bedeutungseröffnende Komponente.

Indem die Texte nicht klar und eindeutig miteinander verknüpft sind und es an keinem Punkt möglich wäre zu sagen »ja, hier *übernimmt* der Text dieses oder jenes«, bleibt es dem Leser überlassen, diese Offenheit aufzugreifen und die Bezüge *selbst* herzustellen. Anders ausgedrückt: Weil das Verhältnis der Texte zueinander nicht aufgeht wie eine Rechenaufgabe, entsteht die Möglichkeit, die im Text verstreuten *Andeutungen*

55 Ich zitiere im folgenden aus der Penguin Popular Classics Ausgabe: Sir Arthur Conan Doyle: The Hound of the Baskervilles, London 1996.

wie auch die *Leerstellen und Lücken* zu einer *Perspektive* zu ergänzen. Und das heißt: Da weder im Text noch in den Zeichnungen ein Bild davon vermittelt wird, wie das »Haus der Krankheiten« von außen aussieht, kann sich beispielsweise der erste Eindruck von »Baskerville Hall« hier einschleichen, die *Leerstelle* füllen und das »Haus der Krankheiten« in eine Art Gespensterschloß verwandeln.[56]

Immer wieder, an verschiedenen Stellen im Text wird dieser Bezugsfaden aufgenommen und weitergeführt. Der verschnörkelte, bizarre Schriftzug, in dem auf der zweiten Seite die Überschrift »Das Haus der Krankheiten« geschrieben steht[57], verweist ebenso auf diesen Kontext wie der rätselhafte Umstand, daß die Ich-Erzählerin von den unsichtbaren Fallenstellern »umstellt« ist (»... was ich seit heute morgen spüre: jemand ist anwesend hier –: der Fallensteller. Seine Fallen können nur heimliche Eingriffe sein [...]«).

Das vorliegende »Körperhaus« verwandelt sich aus dieser *Perspektive* in einen unheimlichen und bedrohlichen Ort. Es hat nichts mit jenem »Wohnhaus« gemein, das Sigmund Freud als den »Ersatz für den Mutterleib« ansah, jene »erste, wahrscheinlich noch immer ersehnte Behausung, in der man sicher war und sich so wohl fühlte«[58].

Das Haus der Krankheiten bleibt ein phantasmatisches, heterogenes, imaginäres Körpergebilde. Ein Konstrukt aus Normen und Diskursen,

56 »Baskerville Hall« wird mit den Worten beschrieben: »Baskerville shuddered, as he looked up the long, dark drive to where the house glimmered like a ghost at the farther end. [...] In the fading light I could see that the centre was a heavy block of building from which a porch projected. The whole front was draped in ivy, with a patch clipped bare here and there where a window or a coat of arms broke through the dark veil. From this central block rose the twin towers, ancient, crenellated, and pierced with many loopholes. To right and left of the turrets were more modern wings of black granite. A dull light shone through heavy mullioned windows, and from the high chimneys which rose from the steep, high-angled roof there sprang a single black column of smoke.« Doyle (1996), S. 63.

57 Die schnörkeligen Buchstaben verweisen eindeutig auf den Kontext von Schauergeschichten. Es hat den Anschein, dass die enge Verbindung dieses Schrifttyps mit Vorstellung von Unheimlichkeit über gotisierende Formen und den Weg der »Gothic Novel« wieder Einzug gehalten haben.

58 Sigmund Freud: »Das Unbehagen in der Kultur«, In: Studienausgabe, Bd. IX, S. 221–222.

in dem eine *namenlose* Ich-Erzählerin umherwandert, und das an keiner Stelle zu *ihrem* Haus, zu *ihrem* Körper wird.

> »Mein Herz, von dem ich nichts halte, weil es sich meistens wie ein Idiot gebärdet, ist seitdem noch oft durchlöchert worden. [...] Ich fange an mein Herz zu übersehen. [...] Aus dem Saal der Bäuche hört man Geräusche von unanständigen Blähungen und weiche, klatschende, saugende und puffende Laute. Was darin vorgeht, kann man sich vorstellen, ohne hineinzublicken. [...] Nicht viel anders ist es mit der Busenstube in diesem Hause bestellt. Unter dem Spalt der geschlossenen Tür quillt Milch hervor, und durch das Schlüsselloch weht ein süsslicher, weisser Geruch, der mir übel macht.«

Indem die Ich-Erzählerin von Zimmer zu Zimmer wandert, von Körperteil zu Körperteil (immer nur hier *oder* dort), kann das Bild einer *Ganzheit* nicht entstehen, »der Körper«, das sind und bleiben verschiedene Einzelteile, Fragmente, die sich wiederum überhaupt nur diskursiv (d. h. durch die verschiedenen Diskurse, Kontexte, Perspektiven, Bilder) materialisieren lassen und Gestalt gewinnen.[59] Man kommt dem Körper nicht auf die Spur. In diesem Fall bleibt der Mordfall ungeklärt.

Im »Haus der Krankheiten« gibt es keinen vorgängigen Körper mehr. Oder, um es mit Judith Butlers Worten zu sagen: »[...] es [wäre] nicht möglich, von einer Körperzone zu sprechen, die der Vorstellung vorausgeht und ihren Ausgangspunkt bildet, denn die Vorstellung entsteht ja gleichzeitig mit dem phänomenologisch zugänglichen Körper, gewährleistet tatsächlich sogar dessen Zugänglichkeit.«[60] Der physische

59 So wird beispielsweise das Schauen, der Blick, indem das Zimmer der Augen als eins der verbotenen Zimmer beschrieben wird, mit dem »Zimmer des Ritters Blaubart« in Verbindung gebracht und implizit mit dem rächenden Mord am weiblichen Körper verknüpft: »Das Zimmer der Augen im Haus der Krankheiten wird für mich eines Tages, das ahne ich schon, das Zimmer des Ritters Blaubart werden. Man wird sehen, was das geben wird. Mir ahnt nichts Gutes.« Vgl. Charles Perrault, »Der Blaubart« in: Die schöne Leiche. Ausgewählt und mit einem Nachwort von Elisabeth Bronfen, München 1992, S. 19–25.

Körper erscheint im »Haus der Krankheiten« als ein psychischer Körper. Oder besser gesagt: In der Linie, die immer wieder neu ansetzt, die Umrisse des Körpers zu schreiben, wird diese Spannung zwischen dem Psychischen und dem Materiellen (eine Materialität, die immer schon Sprache ist!) faßbar.

7.4. *Anagramme in Text, Zeichnung und Schrift*

Anagramme tendieren dazu, ihre RezipientInnen zu provozieren. Und das, obwohl das künstlerische Verfahren auf den ersten Blick so »bescheiden«, ja geradezu »harmlos« daherkommt. Die Vorgehensweise wird von Unica Zürn in »Der Mann im Jasmin« in weniger als vier Zeilen erklärt: »Anagramme sind Worte und Sätze, die durch Umstellen der Buchstaben eines Wortes oder Satzes entstanden sind. Nur die gegebenen Buchstaben sind verwendbar und keine anderen dürfen zur Hilfe gerufen werden.«[61]

Vielleicht liegt genau *darin* die Provokation: Wenn die Anagramme Zürns[62] einerseits wie »Rätselspiele« oder »Schüttelreime« aussehen, so *verweigern* sie doch andererseits genau das, was beim Rätselraten den Genuß bedeutet: die Auflösung, das Entdecken der versteckten Formel, die Enthüllung einer verborgenen Lösung.[63] Baudrillard schreibt:

60 Judith Butler, Körper von Gewicht, Frankfurt/M. 1997, S. 92. Ich habe mir erlaubt, das englische Wort »idea«, das in der deutschen Übersetzung mit dem Wort »Idee« übersetzt worden ist, durch den Begriff ›Vorstellung‹ zu ersetzen.

61 GA, 4.1, S. 148.

62 Um Mißverständnissen vorzubeugen, soll an dieser Stelle noch einmal betont werden, daß sich das Gesagte speziell auf die anagrammatische Praxis Zürns bezieht. Mir ist durchaus bewußt, daß das Anagrammieren beispielsweise im Barock tatsächlich eine »Art denksportartiges Konversationsspiel« darstellte, in dem es darum ging, bestimmte Worte oder Namen zu erraten. Vgl. Renate Kühn, Das Rosenbärtlein-Experiment. Studien zum Anagramm, Bielefeld 1994, S. 12.

63 Jean Baudrillard, Der symbolische Tausch und der Tod, München 1991, S. 318.

»Diese Formel kann unterbewußt (wie im Witz, auf den wir noch zu sprechen kommen) oder unbewußt (wie im Traum) sein, aber immer ist sie kohärent und diskursiv. Ist diese Formel gefunden, so ist der Kreislauf des Sinns abgeschlossen.«[64]

In den Anagrammen von Zürn läßt sich keine Formel finden. Es gibt sie nicht. Wie sehr man sich auch bemüht, man wird kein Signifikat entdecken, das dem Kreislauf ein Ende setzt.[65]

Wenn die Anagramme keinen fixierbaren, eindeutig bestimmbaren Sinn produzieren, so bedeutet dies andererseits nicht, daß es sich um rein willkürliche Buchstabenkombinationen oder um Akte bewußt in-

64 Ebd., S. 319.

65 Ebd., S. 319. Die Tatsache, daß ein auf Decodieren ausgerichtetes Lesen der Anagramme notwendigerweise erfolglos bleiben muß, führt zum Teil zu heftigen, das Verhältnis von Ursache und Wirkung verdrehenden Reaktionen auf seiten der Rezeption: »Liest man jedoch ihre Texte«, schreibt Birgit Bosold in der TAZ vom 18. Februar 1989, »so löst sich das durch ihre Produktionsweisen gegebene Versprechen nicht ein. Sie setzen keine vielfältigen Lektüren in Gang, sondern bleiben monolithisch und blockierend. Vielleicht bewirkt das ›gefährliche Fieber der Anagramme‹, die Arbeit ohne die an die Instanz Autor gebundene *Botschaft*, sein Gegenteil und schlägt um in eine *Manie des Bedeutung-setzen-Müssens*. Die Anagramme der Unica Zürn sind von einer *beängstigenden Sinnhaftigkeit*, die die Arbeit, denen sie sich schuldet, ausstreicht.« [Hervorhebungen H. L.] Was eine *Botschaft* ohne die Instanz Autor sein soll, bleibt dahingestellt. Aber vor allem taucht die Frage auf: Leugnet Bosold, indem sie die »Manie des Bedeutung-setzen-Müssens« und »beängstigende Sinnhaftigkeit« vollständig in die Anagramme *zurückverlagert*, nicht vollständig ihre eigene *bedeutungssetzende* Funktion? In eine ähnliche Richtung geht die Kritik von Gunn-Irén Glosvig. Sie schreibt: »Die Bruchstückhaftigkeit von den Sätzen und die sich im Anagrammgedicht befindende negative Dialektik zwischen assoziativen und dissoziativen Kräften, die sowohl durch Aneinanderreihung von Bildern gegensätzlichen Charakters als auch durch die verschiebenden und verdichtenden Kräfte der Metapher und Metonymie erzeugt ist, machen eine Kommunikation unmöglich. [...] Diese sprachlichen Verwirrungsmanöver lassen sich m. E. als ›Strategien‹ eines Versteckspiels von seiten der Schreibenden auffassen.« (Gunn-Irén Glosvig, »Im Labyrinth der Ariadne. Das Ertasten der Sinnfäden im textuellen Raum der Poesie von Unica Zürn« in: Schriften des Germanistischen Institut der Universität Bergen, Bd. 23 (1995). S. 76–81.) In beiden Fällen ist die Frage maßgeblich, ob und wie sich die Anagramme auf Unica Zürn zurückbeziehen lassen.

szenierter Sinn-Losigkeit handelt. Die Praxis des Anagrammierens ist vielmehr, wie Ute Baumgärtel es ausgedrückt hat,

> »ein dynamischer Prozeß der Umdeutung, dem es nicht darum getan ist, Grenzen zu setzen, Text und Interpretation im Werkbegriff und seinem immanenten Sinn abzuschließen. Er arbeitet vielmehr an der Überschreitung von Grenzen in Richtung auf ein diskursives Feld, auf dem die Vieldeutigkeit der Zeichen tatsächlich Raum hat und seine Produktivitat entwickeln kann. Aus diesem Zusammenhang heraus muß sich auch der Begriff der Interpretation begründen, der nicht auf die eindimensionale Bestimmung des Sinns eines Textes abzielt, sondern vielmehr auf die nicht abschließbare Aufnahme sinn- und bedeutungseröffnender textueller Bewegungen.«[66]

Mit jedem Wieder-Lesen verändern die Anagramme ihr Gesicht: Immer wieder rücken andere Worte in den Vordergrund, verschieben sich die Bezüge, ergeben sich neue Verknüpfungen, tun sich unerwartete Lesepfade auf, denen man folgt (oder nicht folgt), in einer spiralförmigen Bewegung.

Die Anagramme machen AutorIn *und* LeserIn gleichermaßen zum *Subjekt*, und zwar – wie Renate Kühn es formuliert hat – »zum Subjekt nicht mehr im klassisch-idealistischen Verhältnis, sondern zum Subjekt im Sinne Lacans als einem *subiectum* der Sprache«[67].

Darüberhinaus tauchen die Anagramme im Œuvre Zürns darüber nicht nur als *für sich stehende Bedeutungskosmen* auf, sie erscheinen auch auf vielfältige Weise mit anderen Arbeiten verknüpft. Genauer gesagt: Zürn hat mit den Anagrammen experimentiert und ihre Vieldimensionalität in den unterschiedlichsten Kontexten, Bezügen und Zusammenhängen ›erprobt‹ und ›ausgetestet‹: Sind Anagramm und Zeichnung in den »Hexentexten« noch auf ganz traditionell anmutende Weise angeordnet, (vgl. Abschnitt 7.1.), so gehen sie beispielsweise in dem Heft »Orakel und Spektakel« aus den Jahren 1963–64[68] die unter-

66 Baumgärtel (1999), S. 17.
67 Kühn (1994), S. 34.
68 Nachlaß Zürn, unveröffentlicht.

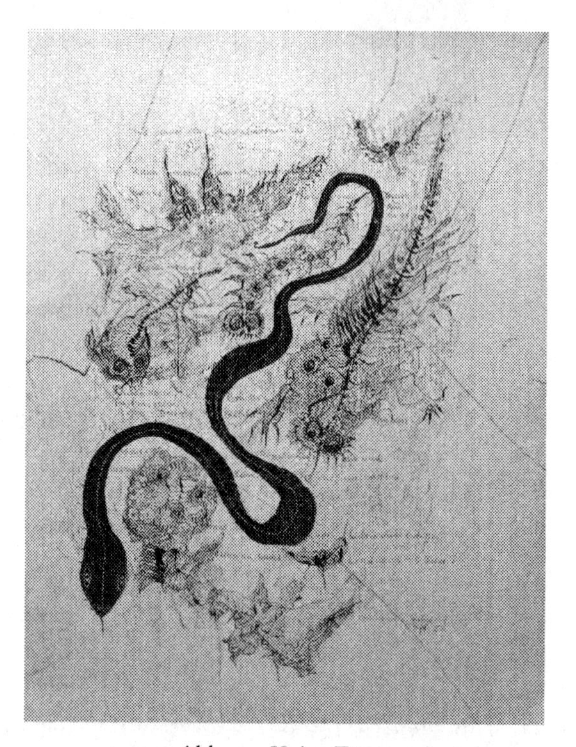

Abb. 22: Unica Zürn,
Anagramm-Zeichnung mit handschriftlichem Anagramm
Und scheert ihr Rosenbärtlein ab VI Fassung,
Deckweiß, Mischtechnik, 32,4 x 25,0 cm,
datiert, *Ermenonville Herbst 57 September 58*, aus dem Heft
Orakel und Spektakel, Buch Nr. 5, 1963–1964,
Nachlaß Zürn

schiedlichsten, überraschendsten Verbindungen ein: Auf einigen Blättern werden die handgeschriebenen Anagrammgedichte von der zeichnenden Linie kokonartig eingesponnen (Abb. 22), in anderen wiederum umschreiben (im wörtlichen *und* übertragenen Sinne des Wortes) die Anagrammzeilen ihrerseits die Zeichnung (Abb. 23), dann wieder tauchen sie, in unzählige, kleine »Sprach-Inseln« gespalten, über die Zeichnung verstreut auf.

Aber auch in den Prosatexten kehren sie wieder, manchmal hervorgehoben, dann wieder kaum merklich darin versteckt: Im »Mann im

Abb. 23: Unica Zürn,
Anagramm-Zeichnung mit handschriftlichem Anagrammgedicht
Unkas, der letzte der Mohikaner,
Deckweiß, Mischtechnik, 32,4 x 25,0 cm,
datiert *Frühling 64 Ile de Ré*, aus dem Heft
Orakel und Spektakel, Buch Nr. 5, 1963–64,
Nachlaß Zürn

Jasmin« sprengen die Anagramme rein äußerlich die Homogenität des Prosatextes während sie diesen – wie zu zeigen sein wird – innerlich strukturieren. Demgegenüber ist die Erzählung »Die Trompeten von Jericho« über weite Strecken aus Anagrammen zusammensetzt,[69] eine

69 Es ist nun nicht so, daß die Anagramme im Text ›wortgetreu‹ und ohne Ergänzungen einfach hintereinandergereiht wären. Sie erscheinen insofern verändert, als die Ausgangszeile zumeist unauffällig in einen anderen Satz einfügt ist (also nicht hervorgehoben wird), während auf den Wortlaut des Gedichts in gekürzter oder ausgemalter Form Bezug genommen wird.

Kette aus Anagrammen, die hintereinandergefädelt zugleich zu einer neuen »Geschichte« wie auch zu einer Anagramm-Collage wird.

Anhand einiger ausgewählter Beispiele soll dieser Prozeß der ständigen Bedeutungsverschiebung und -verwandlung, den die Anagramme im Rahmen der unterschiedlichen Kontexte auslösen und der zugleich auch auf sie zurückwirkt, genauer beleuchtet werden.

Das unvermittelte Auftauchen von Anagrammgedichten im »Mann im Jasmin« erinnert auf den ersten Blick an romantische Romane und Erzählungen, in denen häufig ein ganz ähnliches Wechselspiel zwischen Prosatext und (eigenen) Gedichttexten inszeniert wird.[70] Man denkt an die Novelle »Aus dem Leben eines Taugenichts« von Joseph von Eichendorff, in der ein namenloser Ich-Erzähler auf seiner vom Text beschriebenen Wanderschaft verschiedene als Lieder ›getarnte‹ Gedichte singt oder hört.[71] Im Gegensatz zu Unica Zürns Text fügen sich die als ›Lieder‹ getarnten Gedichte bei Eichendorff jedoch zu einer zusammenhängenden, übergreifenden Struktur, sie markieren einen Ort, an dem die Sehnsucht nach der (verlorenen) Einheit mit der gotterfüllten Natur immer wieder gleichsam leitmotivisch thematisiert werden kann.

Eine ganz andere Form des Wechselspiels oder, besser gesagt, eine andere intertextuelle Dynamik entsteht in »Der Mann im Jasmin«: Hier sind es umgekehrt die Anagramme – diese scheinbar ohne die Instanz eines Autors entstandenen, sich wie von selbst fügenden Sprachgebilde –, denen gemäß sich der Text, und damit die Erlebnisse der Ich-Erzählerin, strukturiert und ordnet. Meteoritenhaft brechen sie die Struktur des Textes auf, irritieren seinen Verlauf, seine Linearität, machen ihn unsicher, so, wie sie auch den Kontur der Text-Figur faserig und undeutlich werden lassen.

Die Tatsache, daß die Anagramme im Text als *Orakel* und als *Beschwörung* beschrieben und eingeführt werden (also als die Instanz, der sich das Text-Subjekt gewissermaßen *überläßt*), während die Erzählerin

70 Vorbild für alle war Goethes »Wilhelm Meister« mit den Liedern der Mignon und des Harfners.

71 Joseph Freiherr von Eichendorff: »Aus dem Leben eines Taugenichts« in: Werke in einem Band/München/Wien 1996 (5. Auflage), S. 747–833. Unica Zürn hat den Titel »Aus dem Leben eines Taugenichts« 1958 auch als Ausgangszeile eines Anagramms verwendet.

andererseits ihren Körper als Medium, als ›Sprechstätte‹ (lat. »oraculum«) empfindet und umschreibt, als einen Ort, an dem die »Stimme eines Dichters, Jean Arp, den sie kennt und verehrt, in der Tiefe ihres eigenen Bauches ein Anagramm [spricht]«[72], veranschaulicht auch auf der Ebene der Semantik die bedeutungssetzende und generierende Funktion, die den Anagrammen im »Mann im Jasmin« zukommt.

Anhand der Verwendung des Anagramms »Wenn die Neun zur Sechs geworden ist« läßt sich exemplarisch zeigen, wie der das Anagramm umgebende Text durch diesen perspektiviert und strukturiert wird.

Es wird beschrieben, wie sich die Protagonistin auf dem Flughafen Paris-Orly mit einer spitzen Nagelfeile eine 6 in das Innere ihrer linken Hand schneidet, mit der Erklärung, daß:

> »ihre schöne Zahl des Lebens – die 9 – für sie zur 6 geworden [ist]. Und während sie diese schmerzhafte Operation vornimmt, denkt sie an das Anagramm, das sie aus diesem Satz gemacht hat: WENN DIE NEUN ZUR SECHS GEWORDEN IST. Das Ergebnis
>
> Wo regnet's zwischen neun und drei? Es
> regnet zwischen uns so neu. Der Winde
> Neun ist zur Sechs geworden. Wenn die
> Wege rot, renn zu uns dich weiss. Enden
> werden wir, zu siegen! Stunden schoen
> zu erroeten. Schweigend, wissend nun.«[73]

Auf den das Anagrammgedicht unmittelbar umgebenden Textseiten taucht der Wortlaut des Anagramms in Form von bruchstückhaften, metaphorisch oder metonymisch verwandelten Satzfragmenten wieder auf. So, wie im Traum die Traumgedanken durch die Traumarbeit auseinandergerissen und zerbröckelt werden, so ragen auch hier die Fragmente des Anagrammgedichts »wie treibendes Eis«[74] aus dem Fluß des

72 GA 4.1, S. 150.

73 GA 4.1, S. 154.

74 Sigmund Freud: »Die Darstellungsmittel des Traums«; in: Die Traumdeutung, Studienausgabe, Bd. II, S. 310.

Prosatextes heraus, werden von ihm weitergetrieben und treiben ihn weiter, um sich in einem neuen Kontext und in einer anderen Konfiguration zu entfalten:

Das Satzfragment »*Wenn die Wege rot*« des Anagramms leuchtet in der ›Spur‹, die die Ich-Erzählerin zu markieren sucht, indem sie in einer »verzweifelten Geste ihr *rotes* Brillen-Etui hinter sich aus dem Auto [...] [wirft]«, ebenso wieder auf wie in dem Satz »Die Sechs liegt blutig in ihrer Hand«. Das »*renn zu uns*« (Zeile 4) kehrt im Text als »Das hat wahnsinnig ausgesehen, wie Du uns über das Flugfeld entgegen gelaufen bist« wieder, während die Worte »*zu erröten*« (Zeile 6) sich in ein »sie schämte sich« verwandelt haben. Aus dem »*wissend nun*« (Zeile 6) entspinnt sich die Passage: »Um ganz sicher zu sein, daß *er alles weiß*, *was er in diesem Fall wissen muß*, bittet sie ihn, ihr einen Buchstaben und eine Zahl zu nennen. Ohne Zögern antwortet er ihr: L-H-M-6-9.«[75]

Das für die anagrammatische Praxis konstitutive Verfahren der De- und Remontage von Bedeutungs- und Sinnbezügen erscheint somit auf das Verhältnis von Anagramm und dem Text als Ganzem übertragen. Man könnte auch sagen: Den thematischen Leitworten de Saussures vergleichbar, erscheint der Wortlaut des Anagramms über den Prosatext verstreut und klingt echohaft in ihm nach.

> »Es handelt sich im Hypogramm darum«, schreibt de Saussure, »einen Namen, ein Wort zu unterstreichen, indem alle Kräfte aufgeboten werden, um seine Silben zu wiederholen, indem ihm solcherart eine zweite Seinsweise gegeben wird, eine künstliche, eine gleichsam dem Original des Wortes hinzugefügte [...].«[76]

75 GA 4.1, S. 153–156. Die Stellen, die dem Anagrammgedicht entnommen sind, habe ich der Übersichtlichkeit halber kursiv gedruckt.

76 Vgl. Peter Wunderli, Ferdinand de Saussure und die Anagramme, Tübingen 1972. Die von Saussure später bevorzugten Begriffe des Hypogramms oder Paragramms haben sich nicht durchsetzen können. Wunderli schreibt in seiner Arbeit über die Anagramme Saussures: »Der ursprüngliche Terminus für die von Saussure untersuchte Erscheinung ist *anagramme*; er wird auch heute allgemein weiter verwendet, obwohl Saussure im Laufe seiner Beschäftigung mit dem Problem immer deutlicher von dieser Bezeichnung abgerückt ist und *hypogramme* und *paragramme* vorgezogen hat. Der Mißerfolg dieser Termini

Die Anagramme Zürns – und damit sind dem von mir angestellten Vergleich mit Saussure bereits schon wieder klare Grenzen gewiesen – bleiben weder im Text *verborgen*, noch hat man mit ihnen ein *Original* in den Händen. Die Anagramme stellen weder einen qualitativ höherstehenden ›Ursprungstext‹ dar, noch bergen sie ein Geheimnis (den Namen Gottes oder den eines Helden[77]). Ganz im Gegenteil. Bisweilen handelt es sich bei den Anagramm-Ausgangszeilen um Gemeinplätze, um Sätze wie »Man muss die Feste feiern, wie sie fallen« oder »Das Spielen der Kinder ist strengstens untersagt«, mit dem die Sprache anstelle des göttlichen Namens schmunzelnd ihr eigenes »Plappern«[78] zum Ausgangspunkt macht. Genauer gesagt: Der beim Anagrammieren entstehende Eindruck, daß »das Ergebnis«, wie Hans Bellmer es formuliert hat, »ein wenig unheimlich, mehr dem Zutun eines ›anderen‹ als dem eigenen Bewußtsein verdankt«[79], wird in den Arbeiten Zürns potenziert, indem sich die Anagramme aus bestimmungslos und in ihrer Kontextlosigkeit bedeutungslos wirkenden Sätzen bilden und die daraus entstehenden Formen – wie an dem Verhältnis von Anagramm und Prosatext sichtbar wurde – sich wiederum in einer endlosen Metamorphose vor allem *aus sich selbst* heraus und gegenseitig zu bedingen und zu konstituieren scheinen.

Im Rahmen des Zirkulierens zwischen verschiedenen Texten und unterschiedlichen Zeichensystemen wird die traditionelle Rolle von AutorIn (als SouveränIn des Textes) und RezipientIn (als jemand, die/der den Text zu *beurteilen* versucht) auf fundamentale Weise in Frage gestellt; beide werden zu etwas, was sehr viel stärker von den in Texten wirkenden sprachlichen Bezügen und narrativen Mustern *bestimmt* erscheint, als daß sie umgekehrt diese in einem schöpferischen Prozeß herstellen und erzeugen. Oder anders ausgedrückt: Wenn das Subjekt zugleich Produzent *und* Produkt der Sprache ist, so setzen die Arbeiten Zürns

in der modernen Literatur dürfte darauf zurückzuführen sein, daß Anagramm als bereits bekannter [...] Ausdruck von allem Anfang an bevorteilt war. (Ebd., S. 24)

77 Kühn (1994), S. 22–24.

78 Barthes (1992), S. 22–24.

79 Hans Bellmer im Nachwort zu den »Hexentexten«.

doch vor allem letzteres in Szene. Das Subjekt verschwindet hinter den Arbeiten, die sich kulissenartig immer wieder neu entfalten, verschieben oder überblenden.

Die verschiedenen Ausdrucksformen von Zürn werden dabei keineswegs »medienspezifisch«[80] eingesetzt. Wenn sich der Bezug zwischen Anagramm und Zeichnung in den »Hexentexten« überhaupt erst im Lesen und Betrachten, und das heißt in einer aktiven Teilnahme der RezipientIn, herzustellen vermag, so erscheinen in den Anagrammzeichnungen von »Orakel und Spektakel« Text und Zeichnung als nicht mehr klar voneinander unterscheidbare Diskursformen. Im Prozeß des *schreibenden Zeichnens* sind die Grenzen unscharf, unsicher, ja fragwürdig geworden. Wo hört der Anagrammtext auf, wo beginnt die Zeichnung? Ist das Anagrammgedicht nicht ebensogut Teil der Zeichnung, wie die Zeichnung Teil des Anagrammgedichtes ist? Erscheint es sinnvoll, eine Grenze markieren zu wollen, Zeichnung und Gedicht voneinander abzugrenzen? Wohin führt das? Läßt die »Unteilbarkeit der Schrift«[81] einen solchen Versuch nicht gewollt und künstlich erscheinen?

80 Neuere Beiträge zur Wort-Bild-Forschung, die dieses eklatante »theoretische Defizit« (vgl. Discherl (1993), S. 16) zu beheben suchen, erweisen sich für die Interpretation der Arbeiten Zürns oft nur wenig hilfreich. So kommt beispielsweise Gottfried Willems im Rahmen seiner »Theorie der Wort-Bild-Beziehungen« zu dem Schluß: »Wenn Wort und Bild sich einen Stoff teilen, die ›Botschaft‹ der Wort-Bild-Form aus dem Zusammentreten des im Wort und im Bild Gegebenen erwächst, dann wird bei solcher Aufteilung oder Zusammenfügung eines inhaltlichen Zusammenhangs immer eine entscheidende Rolle spielen, welche Aspekte sich besser im Bild und welche sich besser im Wort darstellen lassen. Stillschweigend werden auf diese Weise die spezifischen Darstellungsmöglichkeiten des Worts und des Bilds in Rechnung gestellt, so wie sie ihnen grundsätzlich zuzusprechen sind, wie sie ihr Fungieren in einem bestimmten Medium kennzeichnen [...]. Das ist die allgemeinste Grundlage der inneren Faktur.« Gottfried Willems, »Kunst und Literatur als Gegenstand einer Theorie der Wort-Bild-Beziehungen. Skizze der methodischen Grundlagen und Perspektiven«, in: Discherl (1992), S. 421. Die Theorie erweist sich trotz ihres Anspruchs auf Allgemeinheit doch nur für einen ganz bestimmten Typus von Wort-Bild-Beziehungen als gültig.

81 Barthes: »Der Geist des Buchstabens«, in: Ders. (1990), S. 109.

Die Linie in den Anagrammgedichten bewegt sich auf dem dünnen Grat *zwischen* der Malerei und der Schrift. Auf diese Weise kann, so Roland Barthes:

> »Jenes ruchlose Gesetz der Aufeinanderfolge durchkreuzt werden, das unser väterliches, sittliches, geistiges und wissenschaftliches Gesetz ist: ein absonderndes Gesetz, kraft dessen wir die Graphiker der einen Seite zuschieben und die Maler der anderen, der einen Seite die Romanciers und der anderen die Lyriker; aber die Schrift ist unteilbar.«[82]

Indem die Anagrammzeichnungen keine Abfolge, keine Vorrangigkeiten und damit auch keine Hierarchie der Ausdrucksformen mehr erkennen lassen, indem es keine ›Zeichnung‹ im traditonellen Sinne mehr gibt, die den ›Text‹ noch einmal, aber eben ›bildgerecht‹ wiedergibt, und selbst der Text der LeserIn keine eindeutig dechiffrierbare ›Botschaft‹ entgegenstreckt, entziehen sich Text und Bild jenem kumulierenden, konvergierenden Zusammenwirken, das ihr Verhältnis bis zum Beginn des 20. Jahrhunderts maßgeblich geprägt hat.[83]

Die Arbeiten von Zürn knüpfen vielmehr an jenes Spiel der Sinn- und Bedeutungs-Verrückung/Verschiebung an, mit dem Max Ernst (nicht nur er, aber er als einer der ersten) in seinen Collagen den Glauben an die Darstellbarkeit von Wirklichkeit erschütterte, indem er Bildflächen zu Texturen und Texte zu Abfolgen von ikonisch wirksamen Elementen werden ließ.[84]

In ihren *Anagrammzeichnungen* geht Zürn über diese paradoxe Struktur noch hinaus, indem sich in ihnen die ver-rückten, ihrer traditionellen Rolle und Funktion enthobenen Ausdrucksformen (was kommuniziert die Schrift? was drückt die Zeichnung aus?) wiederum zu etwas Neuem, eigenständig Anmutendem verknüpfen, zu etwas, das sich

82 Ebd., S. 109.

83 Vgl. Willems (1993), S. 414–429.

84 Vgl. hierzu Discherl (1993), S. 22; aber vor allem auch: Wolfgang Max Faust: »Bilder werden Worte. Zum Verhältnis von bildender Kunst und Literatur im 20. Jahrhundert oder vom Anfang der Kunst im Ende der Kunst, München 1978, S. 181 f.

mit den herkömmlicherweise zur Verfügung stehenden Kategorien von Stil und Gattung nicht einmal mehr ansatzweise fassen läßt.

1959 wählte Zürn den Satz »Werde ich Dir einmal begegnen?« als Ausgangszeile für ein Anagramm.[85] Im Gegensatz zu den Anagrammgedichten, deren Funktion im »Mann im Jasmin« als Orakel *beschrieben* wird, verleiht dieses Gedicht sich den Anschein eines tatsächlichen Orakels.[86] »Werde ich Dir einmal begegnen?« lautet die Schicksalsfrage. Und das Anagramm dieses Satzes, so Unica Zürn in »Der Mann im Jasmin«, »gibt ihr folgende Antwort: [...]

> Nach drei Wegen im Regen bilde
> im Erwachen Dein Gegenbild: er,
> der Magier. Engel weben Dich in
> den Drachenleib. Ringe im Wege,
> lange beim Regen werd' ich Dein.«[87]

Der einleitende, sich über die beiden ersten Zeilen erstreckende Satz formuliert das eigentliche Orakel, und das heißt die für die Zukunftsbefragung notwendige magische Handlung. Festgelegt werden der Zeitpunkt (»im Erwachen«) und die »Orakelstätte« (»Nach drei Wegen im Regen«) wie auch die zur Herbeiführung notwendigen Mittel und Bedingungen (»bilde im Erwachen Dein Gegenbild«).

Wenn es sich bei dem vorliegenden Orakel auch um ein vollkommen fiktives, aus der Befragung der Sprache selbst entstandenes handelt (also nicht um einen Brauch), so stellen die darin vorkommenden Elemente doch für die volkstümliche Zukunftsdeutung überaus charakteristische und häufig vorkommende Motive dar.[88]

85 GA 1, S. 77.
86 Mit Ausnahme der fünf verschiedenen, vermutlich ebenfalls 1959 entstandenen, einzeiligen Anagramme, die gewissermaßen als Frage-Antwort-Spiel funktionieren (vgl. GA 1, S. 66–67), ist dieses Anagramm das einzige, dessen Ausgangszeile tatsächlich eine Frage darstellt.
87 GA 1, S. 77.
88 »Unter Orakel verstehen wir«, heißt es im »Handwörterbuch des deutschen Aberglaubens«, »jeden Brauch, mit Hilfe eines vom Menschen zu bestimmten Zeiten, an bestimmten Orten, mit bestimmten Mitteln oder unter bestimmten Bedingungen absichtlich herbeigeführten Vorganges, dessen außerhalb der

Die Zahl drei (»Nach *drei* Wegen im Regen«) ist die im Bereich der Zukunftsbefragung wohl insgesamt am häufigsten erscheinende Zahl (»an drei Brunnen muß man Wasser trinken«, »unter drei Brücken muß man sich waschen«, »dreimal muß man das Blei durch die Erbschlüssel gießen« etc.)[89], aber auch der »Regen« und die »Wege« sind mit abergläubischen Phantasien aufs Engste verknüpft. (»Viel Regen viel Tränen«, »Regen beim morgendlichen Ausgang ist unheilvoll, man soll sofort zurückkehren«[90] [Passives Orakel], »Begegnet man des Nachts einem Gespenst, so helfen drei Schritte über den Weg«[91] [Gegenorakel])

Mit der Aufforderung »bilde *im Erwachen* Dein Gegenbild« stellt das Anagramm in der zweiten Zeile den Bezug zur Ebene des Traums her. Das Bild als Traumbild, durch orakelhaften Zitierzauber aus diesem hervorgelockt. Noch in derselben Zeile, direkt nach dem Wort »Gegenbild« taucht ein Doppelpunkt auf, wodurch unübersehbar eine Zäsur ensteht und zugleich der Gedanke nahelegt wird, daß im folgenden das »Gegenbild« selbst zu Wort kommt: Es erscheint als ein unzusammenhängendes, verschwommenes und märchenhaftes Traumgebilde ohne festen Kontur, ohne auf Anhieb erkennbaren Zusammenhang und bar jeder Logik: »er, / der Magier. Engel weben Dich in / den Drachenleib. Ringe im Wege [...]«

Wenn das »Engel weben« auf die eingangs formulierte Aufforderung »bilde [...] Dein Gegenbild« zurückverweist, so erfährt diese damit doch zugleich eine Verwandlung, oder besser gesagt, eine Verschiebung vom Aktiv ins Passiv. Es sind die Engel, die das Bild (des Magiers?) weben und an die Stelle des männlichen Künstlersubjekts treten. Und in genau der Weise wie die Entstehung des Bildes der irrealen, imaginären Instanz der Engel zukommt, bleibt auch der (Bild-)Leib unauflöslich mit

menschlichen Willenstätigkeit liegendes Ergebnis als Zeichen oder Antwort aufgefaßt wird, eine schwebende Angelegenheit zu entscheiden oder noch verhüllte Bezogenheiten und Verflechtungen von Geschehnissen zu enthüllen, um demgemäß sein Verhalten einzurichten. (»Handwörterbuch des deutschen Aberglaubens«, hrsg. von E. Hoffmann-Krayer, Berlin und Leipzig 1934–35, Bd. VI, S. 1262.

89 Ebd., S. 1274.

90 Ebd., Bd. VII, S. 598–602.

91 Ebd., Bd. IX, S. 215.

der *imaginären* Märchengestalt des Drachens verknüpft und an diesen gebunden (»Engel weben Dich in / den Drachenleib«).

Die in der letzten Zeile formulierte »Antwort«: »lange beim Regen wird' ich Dein« bringt keine Auflösung, weil sie – wie sonst im Orakel üblich – keinen konkreten, zukunftsweisenden Rückbezug zur ›Wirklichkeit‹ herstellt. Die Prophezeiung knüpft an das zuvor entworfene Szenario an (»lange *beim Regen*«) und verharrt bei dem darin entworfenen imaginären Bild. Die Symbiose wird und kann nur stattfinden im Raum der Sprachbilder.

Aus dem distanzierten »er« der zweiten Zeile und der eine größere Nähe herstellenden Anrede »Dich« der dritten Zeile wird ein abschließendes »ich Dein«. Es ist die Sprache, die die Annäherung ermöglicht, *indem sie sie schreibt.* Das »Ich« der Ausgangszeile überläßt sich dem imaginären Bild des »Anderen«, das im Rahmen der textuellen Bewegung des Anagramms entsteht.

So wie diese *Begegnung* allein aus der Struktur der Signifikanten hervorgeht und an diese gebunden bleibt, so ist es an anderer Stelle – *analog dazu* – die zeichnende Linie, »welche auf dem Feld des Andern entspringt (und) das Subjekt aus seiner Bedeutung heraus entspringen läßt«[92]. Im Mann im Jasmin heißt es:

> »Seit jeher besessen von Gesichtern, zeichnet sie Gesichter. Nach dem ersten zögernden ›Schwimmen‹ der Feder über dem weißen Papier entdeckt sie den Ort für das erste Auge. *Erst wenn ›man‹ sie von dem Papier her anblickt, beginnt sie sich zu orientieren,* und mühelos fügt sich ein Motiv zum anderen. *So zeichnet sie die ›Familie‹, die sie nie gehabt hat, und läßt sich von ihr adoptieren.* Eine schweigende, eine geduldige Familie mit einem kleinen, zärtlichen Lächeln in den Mundwinkel und den Augen von Katzen.«[93]

92 Jacques Lacan: Das Seminar Buch XI, XVI. Das Subjekt und Der/Das Andere: Alienation, S. 218.

93 GA 4.1, S. 242.(Hervorhebungen H. L.)

Noch im selben Jahr, 1959, hat Unica Zürn das Anagramm »Werde ich Dir einmal begegnen« in eine Anagrammzeichnung verwandelt.[94] (Abb. 24) Nur dem der genau hinschaut, werden die handschriftlichen Anagrammzeilen überhaupt ins Auge fallen, die hier und dort, entlang des äußeren Konturs der Zeichnung gelegentlich auftauchen. Man könnte denken, daß die Zeilen abschließend um die Zeichnung herumgeschrieben worden sind. Aber der Eindruck täuscht. An der Art und

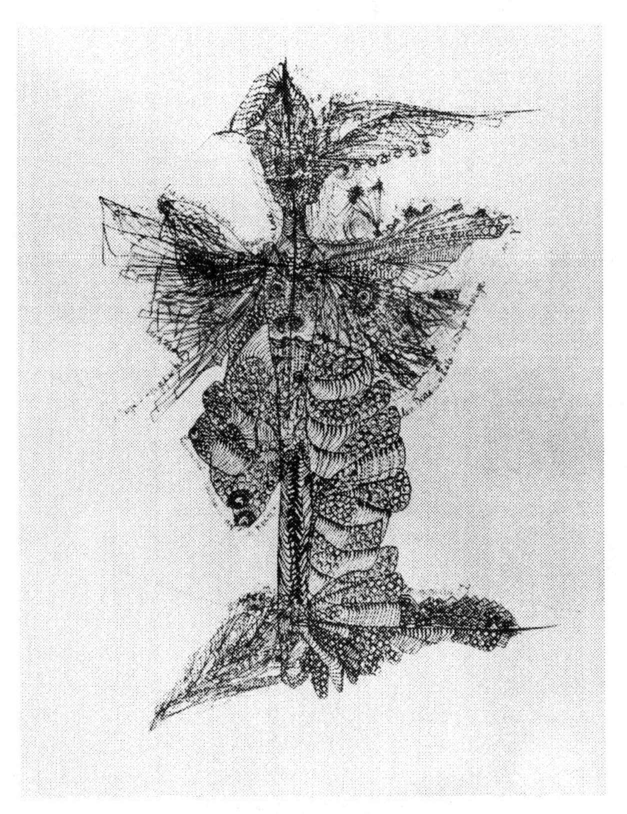

Abb. 24: Unica Zürn,
Anagrammzeichnung mit handschriftlichem Anagramm
Werde ich Dir einmal begegnen?,
Federzeichnung, Tusche, 51,5 x 31,0 cm,
signiert und datiert *Unica Zürn Ermenonville 59*,
Blatt von Zürn vermutlich 1961 zerrissen,
Photo Nachlaß Zürn, Verbleib unbekannt

Weise, wie sich an manchen Stellen die zeichnende Linie *über* den Schriftzug legt, wird deutlich, daß die Schriftzeilen den Ausgangspunkt bildeten, daß Zürn mit diesen geschriebenen Linien vorsichtig und zaghaft einen ersten Umriß der Zeichnung entworfen und festgelegt hat. Man könnte auch sagen: Sie hat mit ihnen gezeichnet.

Innerhalb dieser vagen Andeutung einer (sprachlichen) Grenze entfaltet sich die Zeichnung als ein unendlich filigranes, feingesponnenes Gewebe. Wenn man will, kann man aus dem Gewölk der Linie ein Gesicht herauslesen, vielleicht auch eine stehende, geflügelte Gestalt.[95]

Aber zugleich stellt man fest: So, wie der Anagrammtext das »Dich« an die Gestalt des Drachenleibs gebunden hat, so gibt auch das Liniengespinst der Zeichnung das Bild nicht frei. Es bleibt darin eingeschrieben.

In einem Abenteuer am Rande der Sprache hat Zürn mit Schriftzeilen gezeichnet und Figuren aus Schrift gewoben. »Es gibt immer nur Verwandlungen.«[96]

94 Federzeichnung, Tusche, 515 x 310, Blatt von Zürn zerrissen, wahrscheinlich 1961, signiert und datiert, Unica Zürn Ermenonville 1959, Heliogravüre nach Zeichnung ohne Nachweis, Abgebildet in GA Z, S. 44. Bei der zweiten Fassung, die hier nicht weiter behandelt werden soll, handelt es sich um ein Blatt aus dem Heft »Orakel und Spektakel« (1963–64), das sich heute im Nachlaß befindet.

95 Eine entfernte formale Ähnlichkeit zu einem 1960 entstandenen, mit der Bezeichnung »1 Begegnung« versehenen Blatt ist unübersehbar. Im Gegensatz zu der vorliegenden Anagrammzeichnung ist auf diesem Blatt jedoch eine Begegnung explizit dargestellt. Vgl. GA Z, S. 52.

96 Roland Barthes, »Der Geist des Buchstabens«, in: Ders., Der entgegenkommende und der stumpfe Sinn, S. 108.

8. Nachwort

Liest man die Arbeiten Zürns noch einmal neu, das heißt herausgelöst aus dem Koordinatensystem des Biographischen und der Prämisse des Wahnsinns, dann stellt man fest, daß ihnen eine lebhafte und eigenwillige Auseinandersetzung mit verschiedenen künstlerischen Richtungen eingeschrieben ist.

Die gängige und unhinterfragt gebliebene Einordnung Zürns als ›Surrealistin‹ erweist sich als wenig ergiebig, ja geradezu als hinderlich: Nicht nur die Bezüge ihrer Arbeiten zu den ersten Nachkriegsjahren und dem sogenannten ›Berliner Surrealismus‹ werden zum Verschwinden gebracht, auch der Umstand, daß die Zeichnungen über eine surrealistische Bildkonzeption deutlich hinausgehen und interessante Bezüge zum Kontext des Informel und der lyrischen Abstraktion herstellen, bleiben unbeachtet.

Der Versuch, aus Zürn eine Surrealistin zu machen, dient letztlich vor allem dem Zweck, sie nach wie vor im Rahmen bestimmter surrealistischer Mythen von Weiblichkeit und Wahnsinn zu verorten und lesbar zu machen.

Man *kann* das auffällig Heterogene, Hybride, Nichtklassifizierbare der künstlerischen Arbeiten Unica Zürns auf den bei ihr diagnostizierten Wahnsinn zurückführen. Man kann es aber *auch* als einen bewußt inszenierten Versuch deuten, gewohnte Wahrnehmungs- und Deutungsmuster ins Wanken zu bringen.

Der irritierende Umstand, daß die Linie zwischen Zeichnung und Schrift oszilliert, daß sich im Spiel mit den Personalpronomina die Perspektive und der Kontur der Redefiguren immer wieder verschiebt und auflöst, daß der Text etwas anderes ankündigt, als er schließlich tut, und die Anagramme auf die potentiell unabschließbare Bewegung des Schreibens verweisen – all dies läßt sich auf eine bedeutungseröffnende und produktive Weise lesen als der Versuch, *die Spaltung zwischen be-schreibendem/be-zeichnendem und er-schriebenem Subjekt sichtbar zu machen.*

Die Arbeiten Zürns zeigen, wie das ›Ich‹ in einem unendlichen Transformationsprozeß und in voneinander differierenden Entwürfen be- und erschrieben, konturiert, verwandelt und anagrammiert werden kann. Immer wieder sind es Bilder vom Körper, über die sich die form- und bedeutungsauflösenden Prozesse vollziehen. Indem die Linie die Grenzen des Körpers unablässig verschiebt, schreibt und zeichnet sie einer Materialisierung des Körpers entgegen und untergräbt seine scheinbar festgefügte Morphologie.

Anhand von vier exemplarischen Analysen habe ich gezeigt, mit welchen (sprachlichen und bild-sprachlichen) Mitteln die Arbeiten Zürns Vorstellungen von Identität und Subjektivität zerstreuen und durchkreuzen.

Die Experimente auf dem Feld der Sprache und der Sprache des Bildes gleichen dem, was Roland Barthes als »Zermürbungsarbeit« bezeichnet und worin er eine Möglichkeit sieht, die in der Sprache transportierten Macht- und Unterdrückungsstrukturen zu unterlaufen. Ein solch subversiver Text ist seiner Ansicht nach:

> »[...] das Komische, das nicht lachen macht, die Ironie, die nicht bezwingt, das Jubilieren ohne Seele, ohne Mystik (Sarduy), das Zitat ohne Anführungszeichen. Schließlich kann der Text, wenn er Lust hat, sich an die kanonischen Strukturen der Sprache selbst heranmachen (Sollers): der Wortschatz (strotzende Neologismen, Wortspiele, Transliterationen), die Syntax (keine logische Zelle, kein Satz). Es geht darum [...], einen neuen alchimistischen Zustand der Sprachmaterie in Erscheinung treten zu lassen; dieser unerhörte Zustand, dieses glühende Metall ohne Ursprung und außerhalb der Kommunikation, das ist dann *Sprache* und nicht eine Sprache, mag sie noch so sehr verfremdet, gemimt, ironisiert sein.«[1]

Wie kommt es, daß das von Zürn vollführte, kunstvolle Spiel mit den Regeln, Strukturen und Hierarchien der (Bild-)Sprache nicht, wie bei Roland Barthes, als Ausdruck einer reflektierten Problematisierung des

1 Barthes (1992), S. 47–48.

Schreibens und Zeichnens selbst gedeutet wird, sondern bis heute mit dem Etikett des Pathologischen versehen worden ist?

Ist es dem männlichen Künstlersubjekt vorbehalten, sich auf diese Weise »an die Strukturen der Sprache selbst heran[zu]machen«?

Wenn die Texte einerseits Echoräume darstellen, in denen Fundstücke aller Art und Zitate ohne Anführungszeichen nachhallen und sich zu etwas Neuem formieren, so läßt sich zugleich zunehmend die Tendenz erkennen, die eigenen Arbeiten sowohl inhaltlich wie auch optisch immer enger miteinander zu verweben und zu vernetzen. Die Arbeiten erscheinen als ein dicht geknüpftes Gewebe, das »durch ein ständiges Flechten entsteht und sich selbst bearbeitet«[2].

Die Anagramme, die in Zeichnungen weitergeführt werden oder sich zu einem neuen Text zusammenlegen, veranschaulichen diesen Prozeß. Aber auch die unzähligen Selbst-Zitate, das Erproben bestimmter Gedanken in unterschiedlichen Kontexten und Schreibweisen verweist auf diesen Zusammenhang.

Nähert man sich den Arbeiten mit der Absicht, sie auf etwas zurückzuführen, auf einen Ursprung, auf den Autor, dann wird man auch hier Zeichen einer zunehmenden Verstrickung im eigenen Wahnsystem sehen.

Ist man jedoch bereit, eine andere Perspektive einzunehmen und davon auszugehen, daß »Autor und Werk nur der Ausgangspunkt [sind] für eine Analyse, die es mit der Sprache zu tun hat«[3], dann fordert die Verweisstruktur der Arbeiten zu einer spielerischen Fortsetzung der hier inszenierten rekombinatorischen Prozesse auf.

2 Roland Barthes (1992), S. 94.
3 Roland Barthes: Kritik und Wahrheit, Frankfurt/M. 1967, S. 72.

9. Literaturverzeichnis

Arbeiten Unica Zürns:

Zürn, Unica: Gesamtausgabe Bd. 1: Anagramme, hrsg. von Günther Bose und Erich Brinkmann, Berlin 1988.

Zürn, Unica: Gesamtausgabe Bd. 2: Prosa und Zeitungsgeschichten, hrsg. von Günther Bose und Erich Brinkmann, Berlin 1989.

Zürn, Unica: Gesamtausgabe Bd. 3: Prosa und Zeitungsgeschichten, hrsg. von Günther Bose und Erich Brinkmann, Berlin 1991.

Zürn, Unica: Gesamtausgabe Bd. 4.1: Prosa, hrsg. von Günther Bose und Erich Brinkmann, Berlin 1991.

Zürn, Unica: Gesamtausgabe Bd. 4.2: Prosa, hrsg. von Günther Bose und Erich Brinkmann, Berlin 1999.

Zürn, Unica: Gesamtausgabe Bd. 5: Aufzeichnungen, hrsg. von Günther Bose und Erich Brinkmann, Berlin 1989.

Zürn, Unica: Bilder 1953–1970, hrsg. von Günther Bose und Erich Brinkmann, Berlin 1998.

Zürn, Unica: *Der Mann im Jasmin/Dunkler Frühling*, Frankfurt/M., Berlin, Wien, 1982.

Zürn, Unica: *Das Weisse mit dem roten Punkt*, hrsg. v. Inge Morgenroth, Berlin 1981.

Zürn, Unica: *Der Mann im Jasmin*, Frankfurt/M. 1992.

Zürn, Unica: *Im Staub dieses Lebens. Anagramme*, Berlin 1980.

Zürn, Unica: *Das Haus der Krankheiten*, Faksimile, hrsg. von Günther Bose und Erich Brinkmann, Berlin 1986.

Zürn, Unica: *Hexentexte*, Zehn Zeichnungen und zehn Anagramm-Texte mit einem Nachwort von Hans Bellmer, Galerie Springer Berlin 1954.

Zürn Unica: *Orakel und Spektakel*, Buch No. 5. Paris – Ile de Ré 1963–65, 18 handgeschriebene Anagramme in Zeichnungen, Nachlaß Zürn.

Sonstige verwendete Literatur:

Alexandrian, Sarane: *Surrealismus*, München 1973.

Adolphs, Volker: »Die Genauigkeit der Phantasie«, In: *Wols, Radierungen*, Kunstmuseum Bonn 1996, S. 9–17.

Ahrend, Dieter: Vorwort zu: *Frühes Deutsches Informel*. Sammlung Lückeroth, Oberhausen 1988.

Als der Krieg zu Ende war. Kunst in Deutschland 1945–50, Ausstellung der Akademie der Künste Berlin, 7. September–2. November 1975.
Arp, Hans: *Unsern täglichen Traum ...*, Zürich 1995.

Bachmann, Ingeborg: Werke 1–4, hrsg. von Christine Koschel, Inge v. Weidenbaum und Clemens Koschel, München 1978.
Barthes, Roland: *Kritik und Wahrheit*, Frankfurt/M. 1967.
Barthes, Roland: *Über mich selbst*, Übers. von Jürgen Hoch, München 1978.
Barthes, Roland: *S/Z*, Übers. von Jürgen Hoch, Frankfurt/M. 1987.
Barthes, Roland: *Fragmente einer Sprache der Liebe*, Übers. von Hans-Horst Henschen, 4. Auflage, Frankfurt/M. 1988.
Barthes, Roland: *Der entgegenkommende und der stumpfe Sinn*, Übers. von Dieter Hornig, Frankfurt/M. 1990.
Barthes, Roland: *Das Reich der Zeichen*, Frankfurt/M. 1991.
Barthes, Roland: *Die Lust am Text*, Übers. von Traugott König, 7. Auflage, Frankfurt/M. 1992.
Baudrillard, Jean: *Der symbolische Tausch und der Tod*, München 1991.
Baumgärtel, Ute: *Dein Ich ist ein Gramm Dichtang. Die Anagramme Unica Zürns*, Dissertation HU Berlin 1999.
Bellmer, Hans: *Nachwort zu den »Hexentexten«*, Galerie Springer Berlin 1954, zit. nach Exemplar Nr. 56 im Nachlaß Unica Zürns.
Bellmer, Hans: *Die Puppe*, Frankfurt, Berlin, Wien, 1983.
Bellmer, Hans: »Kleine Anatomie des körperlichen Unbewußten oder die Anatomie des Bildes«, in: Ders., *Die Puppe*, Frankfurt, Berlin, Wien 1983, S. 73–115.
Benhabib, Seyla: »Feminismus und Postmoderne. Ein prekäres Bündnis«, in: *Der Streit um die Differenz. Feminismus und Postmoderne in der Gegenwart*, Seyla Benhabib, Judith Butler, Drucilla Cornell, Nancy Fraser (Hrsg.), Frankfurt/M. 1993, S. 9–31.
Benjamin, Walter: »Zum Bilde Prousts«, in: Ders., *Illuminationen*. Ausgewählte Schriften, Frankfurt/M. 1955.
Berger, Renate (Hrsg.): *Und ich sehe nichts, nichts als die Malerei*. Autobiographische Texte von Künstlerinnen des 18.–20. Jahrhunderts, Frankfurt/M. 1987.
Billeter, Erika, und José Pierre (Hrsg.): *La femme et le surréalisme*, Musée cantonal des Beaux-Arts Lausanne 1987.
Bosold, Birgit: »Der Sprung aus dem Sinn«, in: Die Tageszeitung, 18.2.89.
Breton, André: *Nadja*, 10. Auflage, Frankfurt/M. 1992.
Breton, André: *Die Manifeste des Surrealismus*, Hamburg 1986.
Brinkmann, Erich: *Unica Zürn, 6.7.1916–19.10.1970*, in: Unica Zürn. Bilder 1953–70, Berlin 1998, S. 7–8.
Bronfen, Elisabeth: *Nur über ihre Leiche*, München 1994.
Butler, Judith: *Das Unbehagen der Geschlechter*, Frankfurt/M. 1991.
Butler, Judith: *Körper von Gewicht*, Frankfurt/M. 1997.

Chevrier, Alain (Hrsg.): *Hans Bellmer. Unica Zürn. Lettres au Docteur Ferdière*, Paris 1994.
Chadwick, Nancy: *Mirror Images. Women, Surrealism and Self-Representation*, Cambridge (Mass.), London 1998.
Cixous, Hélène: *Die unendliche Zirkulation des Begehrens*, Berlin 1977.
Clément, Cathérine: »Hexe und Hysterikerin«, in: Alternative 108/109 (1979), S. 148–54.

Das große Lexikon der sprichwörtlichen Redensarten, 3 Bd., Freiburg, Basel, Berlin 1991.
Derrida, Jacques: *Die Schrift und die Differenz*, 6. Auflage, Frankfurt/M. 1994.
Discherl, Klaus (Hrsg.): *Bild und Text im Dialog*, Passau 1993.
Doyle, Sir Arthur Conan: *The Hound of the Baskervilles*, Penguin Popular Classics, London 1996.
DuMont Lexikon der Künstlerinnen von der Antike bis zur Gegenwart, Köln 1979.
Duden Bd. 11, Redewendungen und sprichwörtliche Redensarten, Mannheim/Leipzig, Wien, Zürich 1992.
Duplessis, Yvonne: *Der Surrealismus*, Schriften zur Kunsttheorie VIII, Berlin 1992.

Eco, Umberto: *Das offene Kunstwerk*, Frankfurt/M. 1996.
Eiblmayr, Silvia: *Die Frau als Bild. Der weibliche Körper in der Kunst des 20. Jahrhunderts*, Berlin 1993.
Eiblmayr, Silvia: »Automatismus und Medien: Die Frau als Symptom«, in: Marie-Luise Angerer (Hrsg.), *The Body of Gender. Körper. Geschlechter. Identitäten*, Wien 1995, S. 171–186.
Eichendorff, Joseph Freiherr v.: »Aus dem Leben eines Taugenichts«, in: Ders., Werke in einem Band, 5. Auflage, München, Wien 1996, S. 747–833.
Export, Valie: *Das Reale und sein Double: Der Körper*, Wabern 1992.

Falkenhausen, Susanne von: »Das Verlangen nach Bedeutung«, in: *Raum und Körper in den Künsten der Nachkriegszeit*, hrsg. von der Akademie der Künste Berlin, Zsgst. von Angela Lammert, Amsterdam, Dresden 1998, S. 18–32.
Faust, Wolfgang M.: *Bilder werden Worte: Zum Verhältnis von bildender Kunst und Literatur im 20. Jahrhundert oder vom Anfang der Kunst im Ende der Kunst*, München 1978.
Fielding, Henry: *Eine Reise von dieser Welt in die nächste*, Übers. von Robin Crackett und Thomas Hack, München 1994.
Foucault, Michel: Wahnsinn und Gesellschaft, Frankfurt/M. 1973.
Foucault, Michel: Die Ordnung der Dinge, Frankfurt/M. 1974.
Foucault, Michel: »Was ist ein Autor«, in: Ders., *Schriften zur Literatur und Kunst*, Frankfurt/M. 1988, S. 7–31.
Foucault, Michel: *Die Ordnung des Diskurses*, Frankfurt/M. 1991.

Foucault, Michel: »Andere Räume«, in: Karlheinz Barck u. a. (Hrsg.), *Aisthesis. Wahrnehmung heute oder Perspektiven einer anderen Ästhetik*, Leipzig 1990.
Foucault, Michel: *Psychologie und Geisteskrankheit*, Frankfurt/M. 1968.
Freeman, Judi: *Das Wort-Bild in Dada und Surrealismus*, München 1990.
Freibord Nr. 65, Das Anagramm 88, Zeitschrift für Literatur und Kunst, Gerhard Jaschke (Hrsg.), 1989.
Freud, Sigmund: Studienausgabe, Bd. I–X, Alexander Mitscherlich u. a. (Hrsg.), 6. Auflage, Frankfurt/M. 1989.
Fronfreide, Marcelle: Vorwort zu *Approches d'Unica Zürn*, Paris Nouveau Commerce 1981.

Gauthier, Xavière: *Surrealismus und Sexualität – Inszenierung der Weiblichkeit*, Berlin 1980.
Gillen, Eckhard, und Diether Schmidt (Hrsg.): *»Zone Fünf«. Kunst in der Viersektorenstadt 1945–1951*, Berlinische Galerie, Berlin 1989.
Glosvig, Gunn-Irèn: »Im Labyrinth der Ariadne. Das Ertasten der Sinnfäden im textuellen Raum der Poesie von Unica Zürn«, in: Schriften des Germanistischen Instituts der Universität Bergen, Bd. 23, S. 1–112. (1995).
Glozer, Laslo: *Westkunst. Zeitgenössische Kunst seit 1939*, Köln 1981.
Glozer, Laslo: *Wols Photograph*, München 1988.
Gorsen, Peter: »Das Theorem der Puppe nach Hans Bellmer«, in: Hans-Jürgen Heinrichs (Hrsg.), *Der Körper und seine Sprachen*, Frankfurt/M. 1989, S. 93–133.
Gratzke, Michael: *»On est fou.« Bilder von Wahnsinn und Weiblichkeit in poststrukturalistischer und feministischer Theorie und in Unica Zürns Erzählung »Der Mann im Jasmin«*, unveröffentlichte Magisterarbeit, Hamburg 1994.
Grewenig, Meinhard Maria: »Die andere Kunst der 50er Jahre in Paris«, in: Ernst-Gerhard Güse (Hrsg.), *Paris. Die Kunst der 50er Jahre*, Saarbrücken 1989, S. 18–21.

Handwörterbuch des deutschen Aberglaubens, hrsg. von E. Hoffmann-Krayer, Berlin, Leipzig 1934/5.
Haftmann, Werner: *Wols. 1913–51. Gemälde Aquarelle Zeichnungen*, Berlin, Neue Nationalgalerie, Staatliche Museen Preußischer Kulturbesitz 13.9.–5.11.1973.
Harms, William (Hrsg.): *Text und Bild, Bild und Text*, Stuttgart 1990.
Hartmann, Frauke: *Die Anagramme Unica Zürns*, unveröffentlichte Magisterarbeit, Hamburg 1987.
Henry, Ruth: »Begegnung mit Unica«, in: Unica Zürn, *Der Mann im Jasmin*, Frankfurt/M., Berlin 1992.
Henry, Ruth: »Unica Zürn«, in: Emma, Nr. 8, August 1984, S. 38 ff.
Herbrand, Susanne, und Sandrina Khaled: *Geschlechterdifferenz. Zur Feminisierung eines philosophischen Diskurses*, Pfaffenweiler 1994.
Hermand, Jost: »Freiheit im Kalten Krieg. Zum Siegeszug der abstrakten Malerei in Westdeutschland«, in: *45 und die Folgen*, Ekkehard Mai u. a. (Hrsg.), Köln, Weimar, Wien 1991, S. 135–165.

Hilgenstock, Andrea: »Ihre Zeichnungen sind Träume aus der Hand«, in: Die Welt, 4.11.98.

Hilmes, Carola: »Buchstabenrätsel: Unica Zürn und die Kunst der Anagramme«, in: Carola Hilmes und Dietrich Mathy (Hrsg.), *Schriftzüge des Zufalls, Zur Anatomie eines Symptoms*, Bielefeld 1994.

Hirschberger, Elisabeth: *Dichtung und Malerei im Dialog. Von Baudelaire bis Eluard, von Delacroix bis Max Ernst*, Tübingen 1993.

Höhne, Petra: »Leben als Kryptogramm«, in: Frankfurter Rundschau, 9. Juni 1990.

Hofmann, Werner: »Der Maler Wols«, in: Tilman Osterwold, Thomas Knubben (Hrsg.), *Wols Aquarelle 1937–1951*, Städtische Galerie Altes Theater Ravensburg 1997.

Hubert, Renée Riese: *Surrealism and the book*, Berkeley, Los Angelos, Oxford 1988.

Hubert, Renée Riese: *Magnifying Mirrors. Women, Surrealism and Partnership*, University of Nebraska Press, Lincoln und London 1994.

Irigaray, Luce: *Das Geschlecht das nicht eins ist*, Berlin 1979.

Irigaray, Luce: *Spekulum. Spiegel des anderen Geschlechts*, Frankfurt/M. 1980.

Irigaray, Luce: »Eine Geburtslücke. Für Unica Zürn«, in: Dies., *Zur Geschlechterdifferenz*, Wien 1987, S. 141–149.

Jelinek, Elfriede, und Brigitte Landes (Hrsg.): »Unica Zürn. Anagramme. Erdachte Briefe«, in: *Jelineks Wahl. Literarische Verwandtschaften*, München 1998, S. 203–221.

Jüdisches Lexikon, Vier Bände, Berlin 1930.

Kamper, Dietmar, Christoph Wulf: »Lektüre einer Narbenschrift«, in: *Transfigurationen des Körpers. Spuren der Gewalt in der Geschichte*, Berlin 1989.

Kaschnitz, Marie Luise: *Das Haus der Kindheit*, Frankfurt/M. 1996.

Klemperer, Victor: *LCI*, 14. Auflage, Leipzig 1996.

Knapp, Werner: »Surrealistischer Kontext und Rezeption«, in: *Unica Zürn. Bilder 1953–1970*, Berlin 1998, S. 209–211.

Kolesch, Doris: *Roland Barthes*, Frankfurt/M., New York 1997.

Krauss, Rosalind: *The Optical Unconscious*, Massachusetts Institute of Technology, Massachusetts 1993.

Krechel, Ursula: »Die geheimnisvolle Unruhe hinter den Wörtern«, in: Süddeutsche Zeitung, 18./19. Januar 1992.

Kreuder, Ernst: *Die Gesellschaft vom Dachboden*, Hamburg 1997 (Neuauflage von 1946).

Kristeva, Julia: *Die Revolution der poetischen Sprache*, Frankfurt/M. 1978.

Kühn, Renate: *Das Rosenbärtlein-Experiment. Studien zum Anagramm*, Bielefeld 1994.

Kuhs, Elfriede: *Buchstabendichtung: Zur gattungskonstituierenden Funktion von Buchstabenformationen in der französischen Literatur vom Mittelalter bis zum Ende des 19. Jahrhunderts*, Heidelberg 1982.

Lacan, Jacques: Schriften I–III, 3. Auflage, Weinheim, Berlin 1991.
Lacan, Jacques: *Das Seminar Buch XI*, Weinheim, Berlin 1991.
Lauretis, Teresa de: »Das Rätsel der Lösung – Umberto Ecos ›Der Name der Rose‹ als postmoderner Roman«, in: *Postmoderne. Zeichen eines kulturellen Wandels*, Andreas Huyssen, Klaus Scherpe (Hrsg.), Hamburg 1986, S. 251–268.
Lejeune, Philippe: *Der autobiographische Pakt*, Frankfurt/M. 1994.
Lenk, Elisabeth: *Die Badewanne. Ein Künstlerkabarett der frühen Nachkriegszeit*, Berlin 1991.
Liede, Alfred: *Dichtung als Spiel: Studien zur Unsinnspoesie an den Grenzen der Sprache*, Bd. 2, Berlin 1963.
Lüdecke, Heinz: »Die Bezüglichkeit des Beziehungslosen«, in: Bildende Kunst, Jg. 1 (1947), Heft 7, S. 10 f.
Lueg, Gabriele: *Studien zur Malerei des deutschen Informel*, Aachen 1983.

Melville, Herman: *Moby Dick*, Übers. von Alice und Hans Seiffert, Frankfurt/M. 1977.
Menke, Bettine: »Verstellt: Der Ort der ›Frau‹ – Ein Nachwort«, in: Barbara Vinken (Hrsg.), *Dekonstruktiver Feminismus. Literaturwissenschaft in Amerika*, Frankfurt/M. 1992, S. 436–477.
Meredieu, Florence de: *André Masson. Les dessins automatiques*, Genf 1988.
Meyer, Eva: »Befleckte Empfängnis: Ein Versuch ins Unreine«, in: Die schwarze Botin, Heft Nr. 18 (1983), S. 5–9.
Meyer, Eva: »Die neue Blickrichtung«, in: *Unica Zürn. Bilder 1953–1970*, Berlin 1998, S. 9–12.
Morgenroth, Inge: UNICA ZU ERN. Nachwörter, in: Unica Zürn, *Das Weisse mit dem roten Punkt*, Frankfurt/M., Berlin 1988.

Nadeau, Maurice: *Geschichte des Surrealismus*, Reinbek bei Hamburg 1986.

Obliques. »La femme Surréaliste«, Sonderausgabe zu Nr. 14–15 (1977).

Paris, die fünfziger Jahre, Kunst und Kultur, Internationale Tage Ingelheim, Mainz 1994.
Paris, Paris 1937–57, Malerei Graphik Skulptur Film Theater Literatur Architektur Design Photographie, Ausstellung im Centre Pompidou, Paris 28. Mai–2. November 1981, München 1981.
Pascal, Roy: *Die Autobiographie. Gehalt und Gestalt*, Stuttgart, Berlin, Köln, Mainz 1965.
Pelz, Annegret: *Reisen durch die eigene Fremde. Reiseliteratur von Frauen als autogeographische Schriften*, Köln 1993.
Perrault, Charles: »Der Blaubart«, in: *Die schöne Leiche*, Ausgewählt und mit einem Nachwort von Elisabeth Bronfen, München 1992.

Rabain, Jean-François: »Unica Zürn: ›Der Mann im Jasmin‹«, Nachwort in: Unica Zürn: *Der Mann im Jasmin*, Frankfurt/M. 1992, S. 184–90.
Rabain, Jean-François: »Quelques Roses pour Unica Zürn«, unveröffentlichter Artikel.
Rabain, Jean-François: »Les anagrammes d'Unica Zürn« in: *Obliques*, »La femme Surréaliste«, Sonderausgabe zu Nr. 14–15 (1977), S. 261–264.
Reichart, Manuela: »Im Staub des Lebens«, in: Die Zeit, Nr. 13, 25. März 1983.
Rakusa, Ilma: »Das männliche Wesen war ihr so unbegreiflich wie das weibliche Wesen«, in: Die Weltwoche, Nr. 12, 23. März 1989.
Rathke, Ewald: »Vom phantastisch Gegenständlichen zum gegenstandslos Phantastischen«, in: *Wols. Drawings and Watercolours*, Goethe-Institut London, 17. Mai–29. Juni 1985, S. 11–16.
Rickels, Laurence A.: »Die Prüfung Uncia Zürns«, in: *Unica Zürn. Bilder 1953–1970*, Berlin 1998, S. 193–198.
Roters, Eberhard: »Bildende Kunst«, in: *Als der Krieg zu Ende war. Kunst in Deutschland 1945–50*, Akademie der Künste, Berlin 1975, S. 9–12.

Sartre, Jean-Paul: »Finger und Nicht-Finger«, in: Werner Haftmann, *Wols 1913–51. Gemälde Aquarelle Zeichnungen*, Berlin, Neue Nationalgalerie, Staatliche Museen Preußischer Kulturbesitz, 13.9.–5.11.1973, S. 142 ff.
Sartre, Jean Paul: »Der Mensch und die Dinge«, in: *Gesammelte Werke, Aufsätze zur Literatur, 1938–46*, Hamburg 1986, S. 73–75.
Saxe, Cornelia: »Unica Zürn«, in: Britta Jürgs (Hrsg.), *Oh, grosse Ränder an meiner Zukunft Hut!*, Berlin 1997, S. 162–193.
Schade, Sigrid: »Der Mythos des ganzen Körpers. Das Fragmentarische in der Kunst des 20. Jahrhunderts als Dekonstruktion bürgerlicher Totalitätskonzepte«, in: Ilsebill Barta, Zita Breu u. a. (Hrsg.), *Frauen. Bilder. Männer. Mythen. Kunsthistorische Beiträge*, Berlin 1987, S. 239–260.
Schade, Sigrid: »Die Spiele der Puppe im Licht des Todes«, in: Fotogeschichte, Heft 51 (1994), S. 27–36.
Schlocker, Georges: »Die Sehnsucht nach dem Wunder«, in: Neue Deutsche Hefte, Nr. 176, Jg. 29, Heft 4 (1982), S. 779–784.
Schlocker, Georges: »Tausend Zaubereien« in: Die Presse, Nr. 10, 5./6. Dezember 1981.
Schneider, Franziska: *Unica Zürn – Zu ihrem Leben und Werk*. Unveröffentlichte Lizentiatsarbeit, Zürich 1979.
Scholl, Sabine: *Unica Zürn: Fehler Fallen Kunst. Zur Wahrnehmung und Re/Produktion bei Unica Zürn*, Frankfurt/M. 1990.
Starobinski, Jean: *Wörter unter Wörtern*, Frankfurt/M. 1980.
Starobinski, Jean: Freud, Breton, Myers. in: Peter Bürger (Hrsg.), *Surrealismus*, Darmstadt 1982, S. 139–55.
Steinwachs, Ginka: *Mythologie des Surrealismus*, 2. Auflage, Frankfurt/M. 1985.

Ujvary, Liesl: »Unica Zürns Lebensrätsel«, in: Elfried Gerstl (Hrsg.), *Eine frau ist eine frau ist eine frau ...*, Wien 1985, S. 103–123.

Volckmann, Sigrid: »Die Lust am Verrücktsein. Eros und Wahnsinn im Surrealismus«, in: Hildegard Grüg (Hrsg.), *Literarische Utopie-Entwürfe*, Frankfurt/M. 1982, S. 250–266.

Weigel, Sigrid: »›Wäre ich ein Mann, hätte ich aus diesem Zustand vielleicht ein Werk geschaffen‹: Unica Zürn«, in: Inge Stephan, Regula Venske, Sigrid Weigel: *Frauenliteratur ohne Tradition?*, Frankfurt/M. 1987, S. 243–277.

Weigel, Sigrid: *Die Stimme der Medusa*, Frankfurt/M. 1987.

Weigel, Sigrid: »Hans Bellmer. Unica Zürn: Auch der Satz ist wie ein Körper ...« in: Dies., *Topographien der Geschlechter*, Reinbek bei Hamburg, 1990, S. 67–113.

Weigel, Sigrid: *Bilder des kulturellen Gedächtnisses*, Dülmen 1994.

Weinzierl, Ulrich: »Zwischen Pillen und Selbstmord«, in: Frankfurter Allgemeine Zeitung, Nr. 10, 12. Januar 1990.

Willems, Gottfried: »Kunst und Literatur als Gegenstand einer Theorie der Wort-Bild-Beziehungen. Skizze der methodischen Grundlagen und Perspektiven«, in: Klaus Discherl (Hrsg.), *Bild und Text im Dialog*, Passau 1993.

Will-Levaillant, Françoise: *André Masson, Le rebelle du Surréalisme*, Paris 1976.

Winter, Mona: »Automatische Schwertlilienfelder. Ein Versuch, dem Unvollendeten in Unica Zürns Anagrammen, Prosatexten und Zeichnungen zu begegnen«, in: Die schwarze Botin, Heft Nr. 23 (1984), S. 18–20.

Wolf, Christa: *Kindheitsmuster*, 2. Auflage, München 1994.

Wols. Bilder Aquarelle Zeichnungen Photographien Druckgraphik, Kunsthaus Zürich 1989.

Wunderli, Peter: *Ferdinand de Saussure und die Anagramme*, Tübingen 1972.

Wysocki, Gisela von: »Weiblichkeit als Anagramm – Unica Zürn«, in: Dies., *Fröste der Freiheit: Aufbruchsphantasien*, 2. Auflage, Frankfurt/M. 1981, S. 37–51.

Zanger, Marion de: »Als wenn es Lüge wäre, dass Liebe ein Segen ist (Unica Zürn)«, unveröffentlichter Artikel.